LETTRES

DE

MADAME

DE G***.

LETTRES

DE

MADAME

DE G***;

CONTENANT plusieurs Anecdotes dans son Voyage *aux Eaux de Barège*, & quelques particularités échappées aux autres Voyageurs en France.

A BRUXELLES.

1787.

LETTRES

ET

ANECDOTES.

LETTRE PREMIERE.

de Madame d ***, à M...

Barèges le 23 Juin.

QUELLE tâche! à quoi me suis - je engagée? Mais j'ai donné ma parole, il faut donc la tenir. Écrire à ses amis, ne parler que d'eux, de soi, du plaisir qu'on aura à les revoir, tout cela est facile & ne coûte rien ni à la mémoire ni à l'esprit. Mais entrer avec eux dans des détails qui leur sont étrangers, se fatiguer pour se rappeller les lieux par

A

où l'on a passé, les choses que l'on a vu, voilà le pénible, sur-tout quand on doute que ce récit soit assez neuf ou assez varié pour plaire, s'il étoit dépourvu de l'intérêt que l'on veut bien accorder à l'Auteur. Telles sont mes craintes, mes vœux : vous les connoissez : ai-je besoin de répéter qu'ils tendent à vous intéresser, à vous plaire, & à vous amuser ?

Enfin je pars, & je pars de.... le 2 Juin ; de ce.....que je n'aime gueres, & que j'ai eu la foiblesse de pleurer...., Mais non, ce n'étoit point une foiblesse, c'étoit un tribut que je devois à mes amis (Oh ! comme je fus libérale en le leur payant), & s'ils étoient à Barèges quand j'en partirai, je pleurerois en quittant Barèges. Ce n'étoit donc pas.....que je regrettois. Quand on a du chagrin, tout attendrit, même les choses indifférentes : en traversant cette grande & triste ville mes larmes redoublerent à chaque personne que je rencontrai ; vos gens étoient à la porte de votre hôtel ; des curieux étoient à leurs fenêtres. Mais ils ne virent point mon visage, mon mouchoir étoit sur mes yeux. J'emmenois avec moi ma fille & le Chevalier de... mon parent, qui alloit joindre son Régiment à L...; ses plaisanteries ne purent m'égayer ; je souriois un instant, mais j'étois aussi triste celui d'après. Nous rencontrâmes à une petite distance d'Arcis-sur-Aube, votre ancien valet-de chambre ; je rêvois alors profondément : sa voiture étoit à la tête de mes chevaux, quand ma fille me le fit remarquer. Je n'eus point la présence d'esprit de faire arrêter, & je m'écriai : M. Dubois, dites... dites-leur.... mais il étoit déjà loin, mes paroles expirerent. J'enviai, oui j'enviai son sort ; il alloit près de vous ; qu'il me paroissoit heureux !

Quand j'arrivai à Troyes, il étoit tard, & je descendis à l'Auberge : j'envoyai faire des complimens à Madame de Noinville : son mari & son fils vinrent me prendre : ils me conduisirent chez eux, où je soupai.   A 2

M. de Saint-André s'y trouva ; vous favez qu'il a de l'efprit, mais de l'efprit méchant, & fans tenue dans fes idées. Il déchira impitoyablement tous les Troyens qui s'offrirent à fon imagination. Le Ch.... qui eft excellent avec les gens de cette tournure, le plaifanta ; je ne m'en gênai point, & la foirée fe paffa.

Le lendemain, jour de la petite Fête-Dieu, M. de Noinville fils, vint ne prendre à huit heures pour voir paffer la Proceffion du Saint-Sacrement. Un détachement de 80 Gardes-du-Corps de la Compagnie de Beauveau, précédoit le dais. L'Etat-Major fuivoit immédiatement. Un enfant de cinq à fix ans, repréfentant Saint-Jean, faifoit partie de la Proceffion ; il étoit nud de la tête aux pieds, couvert feulement d'une peau de mouton en forme de chafuble, qui, felon la coutume, n'étant point attachée fur les côtés, laiffoit voir à chaque pas qu'il faifoit, ce que pour l'ordinaire, on cache avec soin ; d'une main, il tenoit un bâton couvert de rubans, & de l'autre, il traînoit un petit Agneau qui crioit après sa mere. Quatre enfans à-peu-près du même âge suivoient le premier, frisés & habillés en Abbés, portant une aumusse sur leurs bras. Le Jeudi suivant, jour de la petite Fête-Dieu, je revis à Poitiers un autre petit Saint-Jean ; mais il n'avoit que son Mouton pour accolyte. Cette Procession qui ne peut & ne doit inspirer que du respect, devroit être dépouillée de ces anciens usages qui font rire aujourd'hui.

De la procession, nous fûmes à Saint-Etienne : cette Eglise actuellement Collégiale, étoit autrefois la Chapelle du Palais des Comtes de Champagne. Depuis la réunion de cette Province à la Couronne de France, qui eut lieu selon les uns en 1274, & d'après d'autres en 1284, par le mariage de Philippe-le-Bel, & de Jeanne de Navarre, fille nique d'Henri III, Roi de Navarre, quinzieme & dernier Comte de Champagne, on a pratiqué dans le Palais, des logemens pour les différentes Jurisdictions Royales. Le Chœur de cette Eglise qui n'est pas belle, renferme les tombeaux de ses anciens maîtres. Deux entr'autres, à droite & à gauche de l'Autel, sont remarquables par leur richesse, & plus encore par la beauté & la variété des émaux dont ils sont couverts.

Pour me rendre à la Salle de Comédie qui est à une des portes de la ville, on me fit traverser les promenades que je trouvai charmantes. Cette Salle est jolie, mais elle a des défauts essentiels, l'escalier est étroit, l'entrée trop petite, & sans noblesse, le théâtre qui est grand, n'a point d'avant-scène, au surplus elle est d'une jolie forme, & la distance des Loges bien proportionnée.

On trouve à Troyes des bains d'autant plus agréables, qu'ils réunissent à l'avantage d'être sur la Seine, celui d'un joli jardin dont ils font environnés.

Madame de Noinville, toujours plus honnête, eut la bonté de faire servir à midi. A peine étoit-on à l'extremét, qu'un Médecin, que je connoissois peu, ayant appris mon arrivée, vint me présenter ses respects, (ce fut sa phrase.) Ah ! comme je l'en aurois dispensé. Il est aussi méchant que M. de Saint-André, & encore plus verbeux. Ils se disputerent l'honneur de me mettre au fait des anecdotes scandaleuses, honneur dont je n'étois pas digne, n'y répondant que par le plus profond silence.

Le dîner fini, on met les chevaux : je crois n'avoir plus qu'à partir. Hélas ! je n'en étois pas quitte. Une femme de cette ville, dévote à l'excès, étoit tourmentée de la fistule. Cette infortunée, avant de se faire opérer, avoit montré avec toutes les précautions imaginables, l'endroit sensible à dix-sept Esculapes, du nombre desquels le Docteur en question n'étoit point. Pour s'en venger (ce qu'il n'avoua pas), il avoit fait une piece de deux-cens vers au moins fur la malade & contre fes confreres dont il s'empreſſoit de relever les bévues. Je fus condamnée à l'entendre d'un bout à l'autre avec les notes hiſtoriques : comme le ſujet me plaiſoit peu, je ne m'apperçus que de ſa longueur, & j'oubliai de rendre juſtice aux talens de l'Auteur. Enfin je partis pour aller coucher à Sens , où j'arrivai tard.

Le lendemain 4 , je viſitai en paſſant la Cathédrale, qui eſt une des plus belles du Royaume, tant pour la grandeur de la Nef, que par la richeſſe du Chœur : les grilles en ſont ſuperbes & du meilleur goût. Le Mauſolée de M. le Dauphin, qu'on a enfin achevé de poſer, eſt de la plus grande beauté ; il eſt ſurmonté de deux urnes, & l'on voit à chaque coin quatre grandes figures emblématiques ; l'Hymen, la Religion, le génie des Arts & le Temps. Cette derniere ſur - tout eſt admirable & faite

pour immortaliſer Couſtou, Artiſte cé-
lebre qui en eſt l'Auteur.

Lorſque le Temple fut décoré de ce
monument, le Roi en fit paver le
Chœur en marbre J'y vis auſſi le tombeau du Cardinal Duprat, curieux par
la vérité d'un cadavre en marbre blanc
ſur lequel on diſtingue des marques ſen-
ſibles de putréfaction.

J'arrivai de bonne-heure à Fontainebleau, & j'eus le temps de m'ennuyer
dans les jardins. Ils m'ont paru triſtes,
qu'importe que ce ſoit ma faute ou la
leur ; j'aime mieux que ces Mémoires
faſſent l'éloge de ma ſincérité que de
mon goût. Je voulus voir le Cabinet
Turc de la Reine, mais il étoit démonté.
Je connoiſſois le Château, & j'allai me
récréer près de la piece d'eau qui eſt
au bout de la Cour des Princes : j'y vis
une quantité de belles carpes de toutes
les nuances, ce qui marque leur âge.
Les plus vieilles ſont entiérement blanches.

Le 5., pour éviter la chaleur qui m'avoit beaucoup incommodé la veille, j'étois en voiture avant quatre heures, espérant arriver à midi à Orléans ; mais le chemin de Fontainebleau qui y conduit n'étant que tracé, j'y fus à peine à trois heures. La petite partie de ce chemin qui est à-peu-près finie, est entiérement plantée en mûriers blancs. C'est de ce voyage, la premiere production étrangere à notre Champagne qui ait frappé mes yeux.

Le soir, j'allai voir le Pont dont j'avois beaucoup entendu parler, il mérite véritablement sa réputation. Ses arches au nombre de neuf sont de la construction la plus hardie, & tellement surbaissées, qu'elles présentent une surface presque platte : je vis aussi une rafinerie. Je ne vous en ferai point le détail, il seroit trop long & sûrement imparfait par la difficulté que j'éprouverois de donner aux choses le nom qui leur appartient.

Nous allâmes ensuite à la promenade
où nous fûmes fort regardés ; j'assurois
le Chevalier , que c'étoit à ses mousta-
ches naissantes que nous devions cette
attention ; galamment il prétendit que
c'étoit à mes appas qu'on rendoit cet
hommage ; cependant ils étoient négli-
gés & presque éteints : son amour-
propre s'enflamma de ce petit triomphe, qui souvent est accordé au ridicule
des personnages ; car les contraires, soit
en beau , soit en laid, jouissent également
du privilége d'attirer les regards Enfin
graces à son bon esprit, & à la confiance
qui rarement abandonne mon sexe ,
nous partageâmes les honneurs de cette
journée ; mais , comme je le disois plus
haut , son amour-propre se trouvant
flatté des regards que nous avions atti-
rés , & humilié en même-tems du désordre dans lequel nous avions paru , cela
lui fit naître l'idée de me proposer de
nous montrer le lendemain Dimanche
dans tout notre éclat. Il me représenta ,

avec le ton plaisant que vous lui connoissez , l'avantage de remporter une
victoire publique sur toutes les dames
d'Orléans : il est persuasif le Chevalier,
car il finit par ne pas me laisser de doutes sur le succès de l'entreprise.

J'acceptai donc : il ordonna lui-même
les apprêts, & tout ce qui servit à me
parer fut de son choix. Nous nous y
rendîmes tard ; tout le monde étoit as-
semblé, & la promenade nombreuse.
Nous traversâmes la foule pour parcourir d'un bout à l'autre l'allée du
milieu qui est fort longue. Deux moins
larges, mais aussi étendues, qui sont à
ses côtés, composent toute cette promenade. La vue en est superbe, c'est
son plus grand mérite. Mais revenons
au but de cette démarche : il falloit faire
sensation , nous la fimes ; le Chevalier
me l'assura, & je le crus ; il prétendit
même que nous étions suivis. Je n'en
fais rien, car modestement je ne re-
tournai pas la tête. Mais l'amour-propre,

qui sans doute est insatiable, ne me laissa pas jouir de cette victoire, en me sug-gérant que le combat étoit trop inégal pour s'en glorifier. Effectivement, dans le nombre de femmes que je vis, deux seulement avoient de la tournure, mais point de beauté. Je crois que j'eusse été bien mécontente si mon attente eût été trompée ; elle a été remplie & je n'ai pas joui. Oh plaisir ! ce n'est donc point dans la vanité, qu'il faut te chercher.

Les habitans de cette ville sont en partie ou bossus, ou boiteux ; aussi l'usa-ge est - il établi parmi les femmes du peuple, de porter de grandes capotes dans toutes les saisons.

Avant la promenade, nous avions été à la Comédie : la Salle qui est horrible, ce jour - là n'étoit pas meublée. Les premieres Loges étoient vacantes, je n'y comptai que trois femmes ; il y avoit plus de monde aux secondes, & les personnes qui les occupoient me parurent les juges du Spectacle. On donnoit le Père de Famille. La Troupe qui est mauvaise n'étoit supportable ce jour-là que dans les coups de théâtre dont elle ne manquoit pas l'ensemble. C'étoit alors qu'il partoit des secondes Loges des applaudissemens à tout rompre, mais ces applaudissemens étoient accompagnés d'éclats de rire aussi immodérés que les battemens de mains.

Jugez de mon étonnement, quand dans la jeune & timide Sophie, je reconnus cette hardie Soubrette que nous vimes l'Automne dernière à... elle ne pût jamais jouer l'innocence au point de m'en imposer ; elle conservoit son air évaltonné qui lui réussit quelquefois dans les rôles de Soubrette, je la trouvai détestable ; peut-être tout le tort ne venoit-il pas d'elle : quand on est mécontent, rien ne plaît ; je m'éloignois de vous, de vous qui m'êtes cher à tant de titres ; de vous que je ne cesserai

d'aimer. Ah ! si vous étes juste, vous me
dèvez lè même serment ; puissiez-vous
y être fidele.

LETTRE DEUXIEME.

De la même, au même.

Barèges le 2 Juillet.

Si nos chemins de Champagne sont
beaux ; que ceux de l'Orléanois sont
agréables par la variété des paysages !
que les bords de la Loire sont charmans !
comme ils sont peuplés ! que de superbes maisons ! que ce pays est riche ! si
les routes n'étoient pas aussi dures on
ne desireroit pas d'arriver. Je passai
devant cette belle Terre de Menars ; le
grand chemin traverse le parc ; mes
yeux furent bien occupés. Mais plus je
regardois, plus j'avois de regret de ne
pouvoir m'arrêter ; par égard pour le
Chevalier qui couroit, je restai trois
heures à Blois ; la chaleur étoit excess-

five, & la diftance d'Orléans à Tours
affez forte pour que nous defi ions tous
de nous repofer avant d'aller p'us loin.
Les quinze lieues de l'après-midi ne me
parurent pas plus longues que celles du
matin , ayant toujours de nouvelles
beautés à découvrir.

J'apperçus Chanteloup, où l'on attendoit M. le Duc d'Orléans, qui dit-
on, avoit envie d'acheter Menars. On
m'affura que les héritiers de M. de
Marigny l'avoient déterminé à s'en défaire, crainte que le Roi ne s'en em-
parât après fa mort (1).

Les environs de Tours m'ont paru
au moins auffi agréables, & peut-être
encore plus riches que ceux d'Orléans.

Pour arriver à Tours, la riviere qui
eft à gauche, laiffe voir de l'autre côté
de fes bords une plaine dont on ne peut
découvrir la grandeur par la quantité

----

(1) Le temps a prouvé que cette hiftoire
étoit fans fondement.

de villages qu'elle renferme , ce qui cache fon étendue. L'autre côté préfente
un afpeĉt dont on ne fe fait pas d'idée.
A droite, eft une montagne extrêmement longue & fort élevée. Elle eft
ornée à fa bafe par des vignes , des
maifons & des jardins en amphithéâtre ,
dont plufieurs paroiffent charmans.
Cela eft très-agréable ; mais voici l'extraordinaire. Le fein de cette montagne
qui ne préfente que des rochers eft auffi
habité. Des hommes fe font avifés d'y
creufer, d'y pratiquer des chambres,
des cheminées, d'y mettre des portes,
d'y attacher des croifées, & d'y vivre ;
on affure même qu'ils y vivent très-
vieux.

Le 8, je féjournai à Tours , & j'employai la matinée à vifiter ce qu'il y a
de curieux. Je commençai par la Cathédrale qui n'en valoit pas la peine,
mais pour ne pas perdre le fruit de cette
démarche, un homme, le montreur de
curiofités de cette Eglife, nous propofa

de monter à une des tours où nous aurions la plus belle vue possible. A la sollicitation de ma fille, j'entrepris ce voyage : cet homme nous tint parole, mais j'étois si souffrante que je n'éprouvai que les regrets de l'entreprise, ce qui m'empêcha d'apprécier les différens aspects dont j'étois environnée.

La ville de Tours n'est pas belle ; la rue Neuve, ou la rue du Cluzel, est la seule qui mérite l'attention des étrangers : toutes les maisons n'en sont point encore finies ; plusieurs n'ont que des façades, elles ont été faites aux dépens du Roi. La promenade est à une des extrémités de cette rue, elle n'en n'est séparée que par une grille ou porte de fer. A l'autre, est le grand & superbe pont sur la Loire, auquel on travaille depuis long-temps ; il a quinze arches, lesquelles sont entiérement plattes. Les ignorans comme moi le préférent à celui d'Orléans ; les connoisseurs sont de l'avis contraire ; ils le trouvent trop

(19)

hardi pour les culées qui n'étant point
affez folides, l'expofent à manquer tous
les jours, comme cela lui eft déja arrivé
une fois. Après l'avoir examiné, ainfi
que les plans en relief où l'on voit la
nouvelle route de Paris, qui n'eft point
encore ouverte, & qui doit aboutir à
ce pont ; après avoir examiné de même
une efplanade, qui n'eft point commencée, qui doit féparer la ville du pont,
& qui produira le plus bel effet, nous
rentrâmes pour dîner avec projet de
fortir auffi-tôt pour nous rendre à des
établiffemens de vers à foie qui font
près des promenades.

M.... Officier de Dragons, qui alloit
joindre fon Régiment à Saintes, & qui
depuis deux jours couroit avec nous, fit
connoiffance avec le Chevalier ; il me
le préfenta. Je l'invitai à dîner, & quoique je ne connuffe que de nom une
partie de fa famille, je me crus en pays
de connoiffance ; peu de chofe lie quand
on eft en route & privé de ce qui nous
eft cher.

Après le dîner, nous partîmes tous quatre pour aller voir les vers à foie & la promenade. La rue Neuve est fort longue, & j'étois logée à une des extrémités près du pont. A peine avions-nous passé la porte de fer, que le tems qui étoit incertain se décida. Un vent effroyable qui fut sur le champ suivi d'une pluie aussi forte, ne me donna que le temps de sortir de la promenade, & de frapper à la derniere maison que j'avois remarqué, à cause de son apparence, & sur laquelle étoit écrit : *Manufacture de damas en façon de Gênes.* La prenant pour un Attelier public, je ne me fis pas de scrupule d'y demander un abri à un laquais, qui vint à la porte. Ayant accueilli ma demande de la meilleure grace, il voulut me faire entrer dans une salle basse, mais une femme-de-chambre de bonne mine dont je ne devinai pas d'abord les fonctions, la prenant pour une Concierge ou pour une surveillante de la Manufacture, propoſa de me conduire dans la galerie où je ſerois beaucoup mieux. N'ayant pas de raiſons pour m'y oppoſer, nous montâmes un très-bel eſcalier ; nous traversâmes pluſieurs appartemens ſans rencontrer perſonne, tous très-vaſtes, de la plus grande propreté, & très-bien meublés. Arrivés à cette galerie, auſſi longue que la maiſon eſt profonde, je me crus tranſportée dans un palais enchanté. Cette galerie, déſerte, fort bien ornée & de la recherche la plus élégante, renfermoit une bibliotheque immenſe ; on y entre par le milieu. En face eſt un grand balcon donnant ſur la promenade : vis-à-vis on a la grande route de Poitiers, droite, bordée d'arbres ſuperbes, & autour de ſoi la plus belle vue poſſible : je quittai cette fenêtre pour aller à une autre. A l'extrémité de la galerie, ma ſurpriſe augmenta ; une terraſſe en pierre de taille, dans le goût moderne, donnoit ſur un très-grand jardin. La conductrice, après m'avoir fait affeoir, me quitta pour aller avertir Madame. Quoi ! Mademoifelle, eft - ce que ceci ne feroit point une Manufacture ? Me ferois - je trompée ? De grace, n'avertiffez point..... elle étoit déjà loin. Un inftant après parut une femme d'environ quarante - cinq ans à qui appartenoit ce bel établiffement ; elle étoit fimple dans fon maintien, élégante fans recherche, & elle plaifoit fans avoir l'air de s'en occuper. Elle le félicita obliquement fur le hafard qui m'avoit conduite chez elle.

Après avoir dit tout ce que la crainte de commettre une indifcrétion infpire, après avoir épuifé les lieux communs qui foutiennent une converfation entre gens qui ne fe connoiffent pas, la pluie ayant ceffé, nous prîmes congé ; mais au lieu de fortir nous eûmes la fantaifie de nous promener dans le jardin, dont l'afpect nous avoit paru délicieux.

Le fond & les deux côtés étoient bornés par des charmilles élevées de dix à douze pieds. Le milieu formoit un parterre immense rempli d'orangers, de myrthes, de grenadiers, &c.

Ce qu'on ne voit pas pour l'ordinaire a plus d'attraits pour la curiosité. Je me conduisis, sans m'en douter, d'après cette réflexion, & me trouvant près d'une ouverture pratiquée dans la charmille ; je ne tardai pas à être de l'autre côté : mais encore une surprise, en me voyant au milieu d'une allée d'orangers.

En face de la petite porte de la charmille étoit un grand bâtiment que je pris pour une serre, mais qui étoit réellement une grande salle consacrée à faire de la musique & à jouer la Comédie. Cette salle, peinte à fresque, représentoit des sujets analogues aux divertissemens qu'elle offroit. Là, étoit Melpomene, disputant avec Thalie. On voyoit Therpsicore, qui, légérement, vouloit les accorder. Plus loin étoit Momus qui, content de son partage, rioit de la folie de ces Déeſſes. Plus loin encore étoient différens génies des Arts, qui n'ayant pu être diſtraits, conſervoient malgré le bruit, leurs compas & leur à-plomb.

Au lieu de colonnades, on voyoit des buſtes élevés ſur des piédeſtaux & des ſtatues de grandeur naturelle, repréſentant Racine, Corneille, Voltaire, la Harpe, Moliere, Renard : Beaumarchais étoit le dernier, faiſant des efforts pour atteindre au centre, où l'on eſpere qu'il parviendra. De l'autre côté, étoit Lully, Rameau, Jean-Jacques, Monſigny, Grétry, & enfin le Chevalier Gluck. Des inſtrumens de muſique formoient un groupe au milieu de ce ſallon.

Plus haut que cette ſalle, l'allée d'orangers étoit coupée par une voliere contenant au moins cinquante paires de ſereins, occupés en partie à faire leur ponte. Les malheureuſes femelles, tendres dans leurs amours, & contentes

près

près de leurs petits ne fortoient pas du nid, tandis que le mâle plus léger, fe promenoit dans la voliere, & chantoit près d'une autre belle, autant de fois qu'il en trouvoit l'occafion. Indignée de ce fpectacle je voulus fuir, & en tournant un berceau de jaffemin qui couvroit cette voliere, je me trouvai dans un bofquet de rofes, près d'un homme voûté par les ans, ayant les yeux de travers, le tein bafanné, une perruque blanche, affez mal peignée ; le refte de fa parure étoit auffi négligé. Le lieu, la nouveauté de ce fpectacle, les belles rofes dont j'étois environnée, tout me rappella l'amant de Zémire ; & au lieu d'excufer ma témérité, je lui dis, en touchant une branche de ces rofes, que fi le fort d'Azor n'y étoit pas attaché, je lui demandois la permiffion de la cueillir. Il comprit mon gefte plutôt que ma phrafe ; heureufement pour celle qui l'avoit faite, car il auroit pu fe fâcher de la comparaifon : il fe hâta de fatis-

faire mes defirs, & j'eus avec la rose
que j'envious, beaucoup d'autres fleurs
de ce charmant jardin.

Le bon homme étoit fourd, il n'entendit pas plus mes remercîmens que
mon fot compliment. La pluie reprit:
il nous reconduisit chez fa femme où
nous la laiſsâmes paffer. Le Cocher étoit
forti, il fallut s'en aller à pied. Les ruiffeaux fe touchoient, & il y avoit au
moins un pouce d'eau fur la chauffée,
& fix dans les ruiffeaux, Je les paffai
comme je pus, à l'aide de l'Officier de
Dragons qui me donnoit le bras. Le
Chevalier avec fes grandes jambes & fes
bottes, les franchiffoit aifément. Ma
fille feule étoit de l'autre côté ; fon
coufin rioit de fon embarras, & affuroit
qu'il ne l'en tireroit point, parce qu'un
moment auparavant elle avoit ri, quand
le vent avoit emporté fon chapeau &
jetté la plume au milieu de l'eau.

Un Mr. en habit de luftrine, marchant fur la pointe du pied, en un mot

un petit maître Tourangeau, qui se
trouva près de nous, eut pitié de sa peine ;
il la prit sous les bras pour la rendre au
Chevalier qui se préparoit à la recevoir ; quand cette obligeante créature
en s'allongeant pour atteindre à celui
qui devoit le débarrasser de son far-
deau, fut entraîné par le poids, ce qui
lui fit perdre l'équilibre Pour éviter de
tomber, il fallut mettre le pied dans le
ruisseau, & il eut de l'eau jusqu'à mi-
jambes ; ce que je trouvai très-plaisant :
aussi ne me pardonnerai - je jamais de
n'avoir pu lui faire mes remercîmens
qu'en éclatant de rire, ce qui ne l'empêcha pa: de se féliciter sur la circonstance heureuse où il avoit pu être utile
à l'enfant & amuser la mere. Je ne
puis vous dire combien je fus mortifiée
de cette répartie honnéte, que je méri-
tois si peu.

Nous ne pûmes arriver à l'Hôtel
avant le retour de la pluie ; je voulus
me mettre à l'abri : j'entrai dans une

de ces maisons neuves. Je ne m'étois point apperçue qu'il n'y avoit point encore de toit : en peu de minutes je fus inondée. Je regagnai mon appartement, où je fis ma toilette pour la Comédie.

On y donnoit *Tancrede*, à la demande de M. le Prince de Rohan, qui devoit honorer le spectacle de sa présence ; ainsi s'exprimoient les affiches. Elles ne mentoient point ; il vint de Montbason tout exprès. La troupe étoit assez bonne : Aménaïde & Tancrede jouerent passablement. La salle qui est grande, étoit bien remplie, sur-tout en femmes. La forme n'en est point agréable ; les Loges n'ont point assez de profondeur, & l'on y est mal à l'aise.

Nous soupâmes avec peu de monde chez Madame G *** à laquelle j'étois recommandée. J'y trouvai M. de Saint-Laurent ; je ne l'avois jamais vu : il n'est jeune, ni beau, M. de Saint-Laurent ; lit qu'il n'a pas d'esprit. Eh bien, ouvai charmant ! il vous connoît,

il parla de vous ; croyez-vous que cela
feul fuffife pour me plaire ? fi c'eft
votre opinion, elle ne fera pas déçue ;
croyez encore que ceux qui ne vous
connoiffent pas, me paroiffent les mor-
tels les plus ignorans que le Ciel ait
formé, & que loin de vous mon feul
defir eft de trouver l'occafion d'en parler. Mais dans ce moment n'eft-il pas
temps de le réprimer ? De deux chofes
l'une, ou il vous plaît, ou il vous fatigue ? S'il vous plaît, faut-il vous raffa-
fier ? S'il vous fait l'effet contraire, c'eft
le cas, ou jamais, de la difcrétion :
ainfi, tout bien confidéré, adieu.

LETTRE III.

La Même, au Même.

Barèges le 21 Juillet.

LE 9, je partis de Tours pour aller coucher à Poitiers. J'y serois arrivée de bonne-heure, si en passant aux Ormes, je n'eusse rencontré M. le Marquis de Vol..... Il étoit suivi du Vicomte d'A.... que j'avois vu plusieurs fois à Paris. Ce dernier me reconnut, & joignit ses instances à celles que me faisoit M. de V.... pour entrer chez lui. J'eus beau m'en défendre & m'excuser sur le désordre de ma toilette & le chemin qui me restoit à faire; il leva ces obstacles, je descendis, & je me promenai.

Ce qui me frappa le plus en visitant ce Château, fut un escalier à deux rampes; c'est un chef-d'œuvre pour la délicateſſe & l'élégance. Le mur ſur lequel il eſt appuyé n'a que ſix pouces d'épaiſ-ſeur, & l'on ne conçoit pas comment les marches qui ſont proportionnées & qui ſe ſoutiennent entr'elles, ne s'écrou-lent pas dès qu'on y met le pied.

N'eſt-il pas étrange d'admirer, com-me beauté, un des plus grands défauts de l'Architecture, puiſque le principal mérite de cet art eſt de produire en nous le ſentiment de la ſécurité ; ſenti-ment que l'on doit éprouver ſur le champ, & qui n'eſt dans ces conſtruc-tions hardies, que l'effet de l'habitude journaliere de braver un péril apparent. La rampe eſt en fer poli, garni en bois de Sainte-Lucie. Les cours offrent un coup-d'œil agréable. Elles ſont plantées en peupliers. Cet arbre ſe lie à mer-veille avec l'Architecture qui décore le Château. M. le Marquis de Vo. . . m'en-gagea à paſſer une partie du mois de Septembre à Saint-Jean-d'Angéli où il commandera alors un cantonnement de douze à quinze mille hommes. Il promit de me faire loger. La propofition étoit tentante, & je l'aurois acceptée, fi je ne me fuffe fouvenue que la route de Saint-Jean-d'Angéli n'étoit pas celle qui conduifoit à Langres, & c'eft là où je dois vous retrouver.

J'arrivai à Poitiers à dix heures. Le lendemain à huit heures, comme on chargeoit ma voiture, j'entendis un Mr. qui, de fa fenêtre, donnoit des confeils fur une de mes malles, qui fe détachoit. Je demandai à l'hôte quel étoit ce Mr; j'appris que c'étoit le fils d'un Négociant de.... qui partoit le lendemain pour Bordeaux. J'avois des lettres de crédit fur le pere. Le Chevalier qui étoit préfent à cette converfation, fit connoiffance avec M. Milly, (nom du Négociant) qui ne tarda point à venir m'offrir les fervices que pouvoit me rendre fon pere.

M. Milly alloit à Bordeaux comme je l'ai déja dit ; je fuivois la même route, ce qui me fit naître l'idée de refter vingt-quatre heures de plus à Poitiers, pour dégager le Chevalier de fa parole, qui, comme vous favez, devoit me conduire jufqu'à Bordeaux. Je lui prouvai, mais ce ne fut pas fans peine, qu'en me remettant en des mains fûres, il pouvoit fans fcrupule fe rendre par le chemin le plus court à Luçon, où étoit fon Régiment.

Ce Négociant avoit avec lui une femme déguifée, qu'à fa maniere de faluer, je ne pus méconnoître. Je voulois m'en tenir aux fimples complimens d'ufage, mais elle me fuivit chez moi, & de tout le jour elle ne me quitta plus. Le Négociant avoit affaire ; le Chevalier étoit occupé ; nous reftâmes feules : il fallut bien la queftionner. Ses réponfes n'étoient pas claires ; elle vit que je m'en appercevois, fon embarras augmenta ; j'effayai de le diffiper : elle rêva ; puis elle me dit que croyant pouvoir placer fa confiance en moi, elle alloit me faire l'hiſtoire de ſa vie. Je l'aſſurai que l'intérêt qu'elle m'inſpiroit devoit lui répondre de ma diſcrétion. Je mentois ; & mentir par curioſité, cela eſt horrible. Elle avoit un ton libre que je n'aimois pas, & qui annonçoit une mauvaiſe éducation : il me parut étrange que, ſans me connoître, elle me prit pour ſa confidente. Je ne réfléchis qu'après au danger de ces ouvertures, & pour ceux qui les font, & pour ceux qui les reçoivent. Cette aventure pouvoit m'apprendre des choſes dont la connoiſſance m'auroit fort embarraſſée ; mais je ne ſongeai alors qu'à mon déſœuvrement : pour elle, qui mouroit d'envie de conter, elle profita de mon ſilence, pour commencer ainſi ſon récit, ſans aucun préambule.

Hiſtoire de Mademoiſelle de Luſignan.

Mademoiſelle de Luſignan, née d'un pere qui portoit ce nom, & d'une

Créole, fut assez malheureuse pour
connoître le Prince de...... dans un
voyage qu'il fit au Canada. Mademoiselle de Lusignan ne tarda point à inspirer de l'amour à ce Prince : elle en
prit à son tour. A Paris, au Canada,
aux Antipodes, cette réciprocité est
ordinaire, & ne m'étonna pas. M. de....
prêt à quitter le nouveau continent,
proposa à Mademoiselle de Lusignan
de le suivre dans sa patrie ; il l'assura
qu'elle y seroit heureuse ; que son amour
le suivant par-tout, il n'y seroit occupé que de son bonheur ; il alla même
jusqu'à lui promettre de l'épouser.
Remplie de confiance, d'amour & d'inconséquence, Mademoiselle de Lusignan fuit avec son amant, s'embarque,
& après une heureuse traversée, arrive
à B......, toujours aimant & se croyant
toujours aimée. Ah ! pauvres femmes,
comme on vous trompe, & comme on
vous plaindroit si, en acquérant de l'expérience, vous ne rendiez au moins ce

qu'on vous a prêté dans vos jours d'innocence.

A peine Mademoiselle de Lusignan fut-elle arrivée à B....., que M. de.... ne pensa qu'à s'en éloigner pour se rendre à Paris, où, depuis plusieurs années, il étoit marié. Ce fatal secret n'étant pas encore dévoilé, il laissa en partant à Mademoiselle de Lusignan, pour consolation, l'espoir de voir bien-tôt ses promesses se réaliser : il l'assura que le voyage qui devoit accélérer leur union, étoit le seul motif qui pût le déterminer à s'éloigner d'elle. Il ajouta beaucoup d'autres fourberies que je ne répéterai point, & auxquelles, Messieurs, vous suppléerez aisément.

Mademoiselle de Lusignan, qui n'avoit point mis de terme à ses bontés, qui avoit tout accordé à l'amant qu'elle n'auroit pu fixer que par le desir, donna le jour au bout de quelques mois, à une fille, qui est l'héroïne dont je vais parler.

Pour charmer fa folitude, & avoir devant fes yeux l'image du féducteur qu'elle adoroit, elle fe propofoit de nourrir & d'élever fa fille ; mais le deftin inexorable en ordonna autrement. Dix mois à peine s'étoient écoulés, quand elle tomba dans un état de langueur qui fit craindre pour fa vie. Elle favoit alors les engagements du Prince. Le chagrin de ne pouvoir être à lui, le regret d'en être féparée, l'impoffibilité de la réunion, le défefpoir de fe trouver feule au milieu de l'univers, la conduifirent au tombeau avant fon quatrieme luftre.

M. de.... en apprenant fa mort, en fut fâché : il avoit le cœur excellent ; mais il étoit convaincu que le chagrin ne fervoit à rien : au lieu de s'y livrer, il alla à l'Opéra, de-là fouper chez une Danfeufe pour laquelle il avoit un caprice depuis près de quinze jours. Jamais on ne le vit plus gai ; & quoiqu'il n'eût pas proféré le nom de l'in-

fortunée Luſignan pendant toute la ſoirée, le lendemain, en faiſant ſa toilette, ſon ſouvenir l'occupoit encore.
Il fit venir ſon Intendant, & lui ordonna de payer exactement une pen-
ſion de 600 liv., deſtinée à l'entretien
de la jeune Luſignan ; car elle portoit
le nom de ſa mere. Il lui recommanda d'écrire à une veuve, qui prenoit
ſoin de cet enfant, afin qu'elle conti-
nuât à lui rendre les mêmes ſervices.
Cette femme habitoit un troiſieme dans
la maiſon où Mademoiſelle de Luſignan étoit morte. Touchée de l'état de
la mere, & de la foibleſſe de la fille,
cette bonne femme, après avoir rendu
les derniers devoirs à l'une, s'étoit
chargée de l'autre. Ces ordres donnés,
M. de... s'étoit acquitté envers la mémoire de l'être trop ſenſible dont il
avoit cauſé la mort, & il n'y penſa
plus ; mais il s'occupa quelquefois de ſa
fille. A quatre ans il la fit enfermer
dans un cloître, avec prieres aux Reli-

gieuses de la préparer dès son enfance à se consacrer un jour à Dieu.

» D'abord, continua la fille de Mademoiselle de Lusignan, pour réussir dans ce projet, elles employerent les caresses à mesure que je grandissois; elles mirent de l'adresse, mais ma résistance croissant avec l'âge, elles firent usage de la violence. Ce dernier parti me révolta: j'employai jusqu'à la ruse pour me venger & pour leur prouver ma haine. »

» Ce Couvent, dont la règle n'est point austère, & où les Religieuses sont fort libres, avoit fourni, depuis que j'y étois, plus d'un sujet de scandale; & comme il n'étoit point inconnu aux Pensionnaires, elles portoient aussi entr'elles le désordre au dernier point. Ce fut-là les seuls principes que j'y reçus, ou du moins dont je me souviens. »

» Mon horreur pour le cloître & mon aversion pour les Religieuses croissoient en raison de leurs mauvais procédés:

m'ayant réduite au défespoir, je for-
mai le projet de m'enfuir. »

» Un jour que j'y rêvois en me pro-
menant feule dans le jardin, j'apperçus la porte ouverte, & la Religieufe
qui la gardoit, occupée à caufer avec
une de fes compagnes. Je profitai du
moment ; je gagnai cette porte affez
doucement pour n'être point enten-
due, je la franchis, & j'arrivai dans
peu de minutes chez un Négociant.
chargé par mon pere de payer aux Re-
ligieufes la penfion néceffaire à ma
nourriture & à mon entretien. Ce Négociant avoit une fille qui avoit été
dans le même couvent, & qui confer-
voit de l'amitié pour moi. Elle connoiffoit mes malheurs & la répugnance
que j'avois pour un état qu'une vocation bien affurée pouvoit feule rendre
heureux : elle me reçut les bras ouverts, me raffura, & par le récit de
ma pofition, elle fit partager à fon pere
la fenfibilité qu'elle éprouvoit. »

» Bientôt on s'apperçut de ma fuite ;
on n'héfita pas fur le lieu où je m'é-
tois réfugiée ; on y vint avec autorité ;
on voulut s'emparer de moi , & le défefpoir étant ma feule reffource , je
m'y abandonnai ; je me faifis d'un cou-
teau : j'allois me frapper , fi le Négociant fous la protection duquel je m'é-
tois mife , & que je ne ceffois d'implorer , n'eût été touché de mon état.
Il devint mon défenfeur. Il fe chargea
d'être mon médiateur auprès de mon
pere ; & je fus fouftraite pour jamais
à l'autorité de ces malheureufes qui ,
privées de leur liberté , envient celle
des autres , & éprouvent un léger plaifir en la leur voyant perdre. »

La chaleur des bains que je prends
me portant à la tête , & cette hiftoire
étant encore longue , permettez que
j'en remette la fuite au Courier de
mardi. J'emplóie encore une main étrangere pour mettre au net la minute de

cette journée, que j'ai eu bien de la
peine à tracer, mes yeux & mon efprit étant auffi fatigués que ma tête ;
mais j'écrivois pour vous, & l'amitié
m'a prêté des forces.

LETTRE IV.

La Même, au Même.

Barèges le 21 Juillet.

*Suite de l'Hiftoire de Mademoifelle
de Lufignan.*

» JE n'avois pas encore quatorze ans,
continua Mademoifelle de Lufignan,
lors de ma fuite du couvent de.....
je paffai les premiers mois qui la fui-
virent, dans cette heureufe tranquillité
qu'on ne fait apprécier que quand on
en eft privée. Semblable, pendant l'o-
rage, au pigeon de Lafontaine, mais
moins fage que lui, après m'être dé-
gagée de mes lacs, je me laiffai re-

prendre bientôt dans d'autres. Hélas! que les suites en furent cruelles. Sans guide, sans expérience, avec une mauvaise éducation, comment aurois-je pu me sauver des dangers dont j'étois environnée ? par le souvenir des malheurs de ma mere. Ah! que ce souvenir étoit foible, comparé aux besoins du cœur, & combattu par le Mortel que ce cœur avoit déjà choisi. »

» Le Baron d'Ermery, Suédois d'origine, servoit dans la Marine de France, où il étoit Enseigne de Vaisseau quand je le connus. Il joignoit à une belle figure, l'esprit aimable & liant que la plupart des hommes empruntent quand ils veulent séduire, mais qui formoit en lui la baze de son caractere. La liberté dont je jouissois chez mon protecteur, où je n'avois que mon amie pour surveillante, fournit à M. d'Ermery mille occasions de m'entretenir de son amour. Quoique je ne connusse pas le code des amants, je l'observai exactement. Ah! Mesdames, c'est bien avec raison que l'on peut assurer que l'art & la dissimulation sont innés chez vous, puisqu'ils n'étoient pas en moi l'effet des préjugés que nous prenons avec l'éducation. »

» En écoutant l'aveu que je desirois, je jouai la surprise : je feignis de ne rien croire, mais je rougis ; *& rougir est un aveu.* J'eus beau m'en défendre ; mon amant, en me devinant, devint plus confiant ; il pressa, je fis des sermens à mon tour, & pour n'être point en reste, je finis comme ma mere : le Baron fut heureux. Notre union dura près de trois ans sans incidents, sans contradictions : j'étois toujours tendre, mon amant étoit toujours fidèle ; cette sécurité faisoit mon bonheur. »

» Depuis quelques mois, M. d'Ermery s'occupoit sérieusement des moyens de serrer nos nœuds, en me donnant son nom ; mon pere qui jusques-là avoit persisté à vouloir que je rentrasse dans

un couvent, commençoit à laisser espérer qu'il consentiroit à ce mariage ;
mais à cette époque, les pavillons
Français & Anglais s'insultant récipro-
quement, forcerent mon amant à s'ar-
racher de mes bras, pour monter le
Pégase, qui alloit mettre à la voile.

» Que nos adieux furent déchirants !
combien il nous en coûta pour nous
séparer ! J'étois cependant loin de prévoir le malheur dont j'étois menacée,
& je ne soutins cet éloignement que
par l'espoir de voir mon hymen terminé à la fin de cette campagne ».

» Les lettres du Baron me rassuroient
sur sa santé, & me combloient de joie,
par les nouvelles preuves d'amour qu'elles renfermoient. Il y avoit six mois
qu'il m'avoit quittée, quand des bâti-
ments qui rentroient au port, assu-
rerent avoir vu le Pégase prendre la
même route pendant plusieurs jours, &
l'avoir perdu depuis quarante-huit heures. Cette nouvelle étant venue jusqu'à

moi, toute entiére au bonheur de retrouver mon amant, je ne cherchai
pas la raison qui pouvoit l'avoir fait dif-
paroître ; fans ceffe occupée du plaifir
que j'éprouvois de fon retour, je ref-
tois le jour à un balcon qui donnoit
fur une des rues principales aboutiffantes
au port, à l'autre extrémité de laquelle
il demeuroit ; j'efpérois le voir lorfqu'il
pafferoit pour fe rendre chez lui. »

» Toujours à mon pofte, un foir après
le coucher du foleil, quand la terre n'eft
plus éclairée que par le crépufcule, qui
fe prolonge après un beau jour, j'apperçus un groupe de monde, au milieu
duquel je diftinguai un homme porté
fur un brancard. Les plaintes qu'il laiffoit échaper partant d'une voix qui ne
me fembloit pas inconnue, m'émurent
au point de ne pouvoir demander quel
étoit cet infortuné ; mais fixant toujours ce convoi, quel fut mon défefpoir, en le voyant arrêter à la porte
de mon Dieu tutélaire ! je ne doutai

plus de mon malheur; un cri aïgu,
ſuivi d'un évanouiſſement, fut l'avant-
coureur de la douleur profonde que
j'éprouvai depuis. Je fus près d'une
heure ſans reprendre mes ſens, quoique mon amie n'épargnât rien pour
me rendre à la vie. »

» Je ſortis du chaos; mes idées n'é-
toient pas raſſemblées, mon ſupplice ne
ſe faiſoit pas ſentir, quand le laquais de
M. d'Ermery, chargé des ordres de ſon
maître, en prononçant ſon nom, ranima mes eſprits, & me rappella à mes
douleurs. Je ne les exhalai point : le
temps étoit cher; j'interrogeai le laquais ſur le ſujet de ſa miſſion; il répondit en ſanglottant, que ſon maître
n'ayant plus que quelques momens à
vivre, deſiroit ardemment de me voir.
Je me fis conduire chez le Baron,
que je trouvai mourant. Il avoit reçu
un éclat de bombe en défendant le
Pégaſe, qui avoit été attaqué par un
Vaiſſeau Anglois, à deux journées du

port. J'euffe préféré la mort au chagrin de revoir le tendre & fidele Ermery dans cet état ; mais je n'en avois pas le choix. Ma préfence lembloit retenir fon dernier foùpir, qui étoit prêt à lui échapper. Nos larmes fe confondirent, & les fanglots nous empêcherent de parler : enfin, cette entrevue fut affreufe. Il affura que fa mort étoit moins cruelle, puifque le deftin lui avoit permis de me voir encore. A peine eut-il fini ce peu de mots, que fa foibleffe interrompoit fouvent, qu'il me fit fes derniers adieux, & expira fur mon fein, où fa tête fe repofa d'elle-même. J'effayai de le rappeller à la vie ; mais quand je fus convaincue de l'impoffibilité, je retombai dans une nouvelle foibleffe. »

» J'étois éperdue, quand on me reporta chez le Négociant qui me fervoit de pere. Une fievre ardente & un délire continuel, firent craindre pour mes jours pendant près de fix femaines ;

mais

mais la jeuneſſe & la bonté de mon tempéramment, que rien n'avoit encore altéré, donnerent, à ce terme, des eſpérances qui ſe ſont réaliſées. La convaleſcence fut mille fois plus cruelle que la maladie ; mes eſprits abattus par le chagrin & par la foibleſſe, m'offroient ſans ceſſe le plus affreux ſpectacle. Tantôt je combattois près de mon amant quand il fut bleſſé ; d'autres fois il perdoit la vie en voulant me défendre ; plus ſouvent je le ſuivois parmi les morts, marchant à travers des tombeaux, pour reconnoître le ſien, quand des ſpectres affreux m'en interdiſoient l'entrée. Alors des cris lamentables faiſoient connoître à mon amie l'état de mon ame : elle cherchoit à me tranquilliſer : mais que ces conſolations ont peu de force ſur un cœur déchiré ! Le temps ſeul peut tout : c'eſt à lui que je dois ma guériſon.

» Mon amie cherchoit à me diſſiper ; inſenſiblement elle me rendit à la ſo-

ciété. M. Milly, ce Négociant de L...,
avec lequel vous me voyez aujourd'hui,
me connoissoit depuis long-temps. Je
lui avois inspiré dès-lors l'amour le plus
tendre ; mais mon éloignement pour
tout ce qui n'étoit pas le cher & malheureux objet que j'avois perdu, & pour lequel je brûlois encore, l'empêchoit d'en
parler.

» Mon nouvel amant apprécia cette
circonstance ; il se flattoit bien de la
tourner à son profit : aussi le temps,
loin de ralentir son ardeur, lui prêtoit
tous les jours des forces. Quand il me
vit rendue entiérement à la société, il
se livra à ses espérances ; mais il étoit
trop adroit pour en parler encore.
Il laissa passer près de deux ans, & ne
me fit l'offre de son cœur, que quand
il crut que je pouvois y répondre.
Hélas ! il se trompoit, l'infortuné d'Ermery y régnoit toujours, & ce qui me
rappelloit l'amour, déchiroit ma bles-
sure. Je ne lui cachai point mes senti-

ments : je le fis lire dans mon ame ; il y vit de l'eſtime, de la confiance & de l'a‑ mitié, mais point d'amour. Ces ſenti‑ mens lui ſuffirent. Il ne craignoit point ſon rival, il inſiſta ſur le don de ma main.

» Je ſentois la néceſſité d'aſſurer mon état, & de quitter un nom qui me rap‑ pelloit ſans ceſſe ma naiſſance, à la‑ quelle le vulgaire attache un préjugé déſavantageux. Mon pere tenant tou‑ jours pour la vie religieuſe, qu'il vou‑ loit de nouveau me faire embraſſer, refuſa ſon conſentement aux propoſi‑ tions qui lui furent faites pour ce ma‑ riage. M. Milly ayant de ſon côté des raiſons pour le cacher à ſa famille, me propoſa un mariage ſecret, auquel je conſentis. Mon amie & ſon pere y aſſiſterent ſeuls. Les affaires de M. Milly le rappellant dans ſa patrie, il fit tenir des habits d'homme & une chaiſe de poſ‑ te aux portes de la Ville, où nous mon‑ tâmes après la célébration. Mon mari ne voulant pas me mener à L.... pour éviter les conjectures de sa famille, il se détermina, non sans peine, à me laisser à Bordeaux, où il a un intime ami, auquel il doit me confier.

» Vous me voyez, continua la jeune & jusques-là intéressante conteuse, à deux journées de ma destination. Le bonheur de vous rencontrer adoucit mes peines ; mais bientôt je vous perdrai : il est affreux de me trouver isolée dans une ville immense comme celle que je vais habiter, privée d'un mari auquel l'amitié & la reconnoissance m'attachent à jamais.

» Voilà, Madame, la fin de la pre-miere partie de mon histoire : puisse la seconde être plus fortunée ! dois-je m'en flatter ? »

Je remerciai mon historienne de sa confiance ; puis je lui parlai de mon étonnement sur l'énorme distance qui alloit la séparer de son mari. Je ne fus point contente de ses réponses, qui me

parurent fans fuite & fouvent fans vrai-
femblance. Cele me fit naître des doutes que je me gardai bien de lui communiquer. D'ailleurs, je ne lui trouvois
point une tournure analogue à fon hiftoire. Elle m'avoit fait plaifir, mais elle
ne m'avoit point attendrie. Il me fembloit qu'une héroïne de ce genre devoit infpirer de l'amitié, & porter fur
fon vifage un caractère de langueur que
l'on conferve long-tems après une
violente fecouffe : au lieu de cela, je n'y
voyois qu'un air évaporé, fans no-
bleffe, fans tenue, fans maintien. Elle
ne rempliffoit point l'idée que l'on fe
forme d'une femme fenfible.

La fuite vous fera voir que mon opinion étoit fondée. Elle détruifit elle-
même fa premiere hiftoire, en m'en
contant une incroyable, & d'un genre
nouveau pour moi. Vous la faurez quand
je parlerai de Bordeaux, où j'eus la foibleffe de l'écouter.

Ayant entendu parler des promena-

des de Poitiers comme de la feule
chofe qui méritât d'être vue, je propofai à Madame Milly de m'y accompagner. Son mari n'étant point rentré,
& le Chevalier étant toujours occupé
des apprêts qu'exigeoient notre pro-
chaine féparation, nous fortîmes feules.
La pluie qui m'avoit prife à Tours, &
qui ne me quitta qu'à Agen, ne me fit
pas grace dans cette promenade ; elle
tomboit avec tant de violence que,
pour l'éviter, je m'enfuis du milieu
d'une allée où j'étois, pour me réfugier
chez un portier, à qui je demandai l'hof
pitalité.

Deux Dames de la Ville & un Officier de Royal, infanterie, y étoient
inftallés pour la même caufe. Nous y
reftâmes près de trois quarts-d'heure :
pendant ce temps la converfation s'en-
gagea : on fut d'où je venois. Cet Officier, qui avoit plufieurs fois traverfé
la Champagne avec fon Régiment,
parla beaucoup de cette Province & de

l'Intendant , chez lequel il avoit foupé,
Il le vanta beaucoup. Oh ! comme je
fus de fon avis. Il fit enfuite l'énuméra-
tion des femmes qu'il avoit trouvé chez
lui , & qui y étoient en grannd nombre. Il avoit oublié leurs noms : un feul
exiftoit encore dans fa mémoire ; il le
prononça, & c'étoit le mien Je ne me
fis point reconnoître. Il s'étendit avec
tant d'emphafe fur l'efprit , la figure &
les graces de cette Dame , que je crus,
par modeftie, devoir le contredire ;
mais pour cette fois la modeftie pro-
duifit un plaifant effet : l'Officier s'y
trompa ; & la prenant pour jaloufie , il
me dit d'un air affez fec, qu'il n'y avoit
point de femme qui ne dût defirer de
reffembler à celle-là. Alors, je voulus
m'amufer de fon erreur, & je l'affurai
que, quoique je rendiffe juftice à la femme qu'il défendoit, j'en connoiffois beaucoup qui valoient autant qu'elle, &
quelques - unes qui l'emportoient. Je
fuis faché de n'être pas de votre avis,

reprit vivement mon Antagoniste ; mais je doute que vous puissiez en nommer ? -- (*en souriant*) Cela n'est pas galant, vous croyez donc, Monsieur, qu'il y auroit de la présomption à me mettre sur les rangs ? --- Vous valez beaucoup, Madame, il ne faut que vous regarder pour le croire ; mais Madame de ***.
Je l'arrêtai : prenez garde, Monsieur, votre prévention vous rend injuste. -- Il m'interrompit à son tour : --- injuste, Madame ? jamais hommage ne fut plus mérité, & votre obstination à lui trouver des rivales, est la plus forte preuve de sa supériorité. --- (*Ironiquement*) Quoi ! vous me soupçonnez de jalousie ? vous la croyez faite pour m'en inspirer ? --- Sa figure annonçoit quelque répartie piquante, quand le Chevalier, par son arrivée, mit fin à cette discussion. Il me nomma ; les yeux de l'Officier se dessillerent, sa figure changea, son embarras ne peut se peindre.
Ah ! Madame, s'écria-t-il, comment

ai-je pu m'y méprendre ? daignerez-vous me pardonner ? Ma réponse fut telle qu'il pouvoit l'espérer. Je rejettai sur les années & sur le désordre de ma parure, l'erreur dans laquelle il étoit tombé. Effectivement, six ans s'étoient écoulés depuis qu'il ne m'avoit vu, & ce temps suffit pour faire perdre au plus joli visage sa premiere fraîcheur.

Enfin la pluie cessa, &, comme ci-toyen, il fit les honneurs de la pro-menade. Nous la parcourûmes en en-tier : elle en vaut la peine. Une partie est plantée en ormes droits & bien ve-nus, formant de grandes allées : l'autre est en bosquets dessinés à ravir. Les charmilles sont de mûriers blancs ; la verdure en est charmante. Les prome-nades sont tenues à merveille. La vue est peu étendue, mais elle est bornée agréablement & d'une maniere pitto-resque, qui ne laisse rien à desirer.

Après le dîner, le maître de l'hôtel où nous étions logés me fit monter dans la partie la plus élevée de fon jardin, qui eft en amphithéâtre, pour y voir des reftes d'antiquités Romaines. Il vouloit abfolument que je diftinguaffe la forme d'un cirque parmi des murailles détruites, dont l'enceinte eft en jardin potager. Près de cet ancien cirque, font des reftes d'un aqueduc qu'il eft poffible de reconnoître.

Cet Aubergifte eft un original ; il fe nomme Deshoulieres, & fe prétend allié de la fameufe Madame Deshoulieres. Au-deffus de fa porte eft écrit en gros caracteres: *Bains chauds*, *Bains froids*, *Antiquités Romaines*. Son amour pour les Anciens lui a fait choifir le terrain où il a bâti. Comme il eft conféquent, il joint à ce goût celui du Blafon. Toutes les perfonnes de qualité qui logent chez lui, font fûres au retour d'y trouver leurs armes. C'eft la tapifferie & l'ornement de toutes fes chambres.

Après avoir bâillé deux heures dans

un fauteuil , je proposai à M. & à
Madame Milly , de parcourir la Ville ,
& d'y voir ce qui paroîtroit digne de
notre curiosité : ma fille & le Chevalier nous accompagnerent.

Cette Ville est horrible & ne pré-
sente que des rues étroites , de travers , &
mal pavées. Nous entrâmes dans l'Hôtel
de l'Intendance , que nous prîmes pour
une maison-de-force : avant de pénétrer
dans les appartements , qui sont noirs ,
tristes & mal meublés , il faut traverser
trois petites cours , dont les portes n'é-
tant point ni assez larges , ni vis-à-vis
l'une de l'autre , ne permettent pas aux
carrosses d'entrer.

Je vis avec plaisir un établissement
de vers-à-soie que M. de Blossac y a
formé. C'est une maison assez belle ,
qui est entiérement consacrée à leur
éducation : elle est confiée à des femmes
que l'on a fait venir exprès du Languedoc.

Nous passâmes devant un couvent de

Religieuses du Calvaire : il étoit de bonne heure ; la journée me paroissoit encore longue ; pour la couper , il me prit fantaisie d'y entrer ; le Chevalier paria contre : je sonnai. --- Eh ! grand Dieu, qu'allez-vous dire ? --- Paix , lui dis-je, ne riez point, sur-tout ne parlez pas, & je me charge du reste.

On ouvrit : bientôt nous fûmes admis dans un parloir où la Prieure , que j'avois demandée, se faisant attendre, me donna le temps d'apprendre cette sentence écrite en lettres d'or sur une cheminée bien noire :

Que le chemin de la vie est petit !
Que la voie qui y conduit est étroite !
Et qu'il y en a peu qui le trouvent !

Le parloir s'ouvrit, les grilles resterent fermées ; mais quelles grilles ! Elles étoient recouvertes d'une feuille de métal fort épaisse , criblées de piqûures imperceptibles , à travers desquelles les paroles passent, mais qui ne permettent pas de voir. Je lui préfentai ma fille comme une penfionnaire que je voulois lui confier, pendant un grand voyage que j'allois entreprendre. En-chantée de la propofition, elle ne s'in-forma ni qui elle étoit, ni d'où elle venoit; toutes les inquiétudes porte-rent fur un répondant qui pût lui faire toucher exactement la penfion , fans quoi elle ne pouvoit s'en charger Je lui dis que j'allois m'en occuper, mais qu'il falloit abfolument qu'elle ouvrît fa grille pour voir la petite penfionnaire. Je me fervis de fa curiofité pour fatisfaire la mienne. Elle fe rendit à ma priere, & je vis un gros vifage, auffi commun que fon propos.

Votre petite amie, qui n'avoit point été prévenue de cette plaifanterie, tour-à-tour rougiffoit, pâliffoit & mouroit de frayeur. Pour la tirer de peine, je me hâtai de prendre congé, en promet-tant à la Prieure de revenir quand j'au-rois trouvé un répondant.

Avant de parler de Poitiers, j'aurois dû vous raconter une scène assez plaisante dont j'avois été témoin, en passant à Châtellerault: cette ville, comme vous savez, est connue pour sa coutellerie, & par la quantité d'artistes en ce genre qu'elle renferme.

Le Chevalier, qui couroit devant ma voiture, fut poursuivi par une trentaine de marchandes jusque dans l'écurie de la poste : elles espéroient chacune qu'il leur achéteroit quelque chose. Pour s'en défaire, il leur dit qu'il n'avoit besoin de rien, mais qu'il précédoit une Dame fort curieuse de tous ces bijoux, qui sûrement en prendroit beaucoup. Elles le quitterent & m'attendirent en groupe. C'étoit sur la brune, mes glaces étoient baissées. Ces femmes m'assaillirent à la fois : six de chaque côté monterent sur les brancards ; autant sur le siége ; & le reste sur des chaises, dont elles s'étoient pourvues. Je ne puis vous peindre ma

surprise en voyant ces figures dont j'i-
gnorois l'intention : elle se changea
bientôt en éclats de rire, en les enten-
dant parler toutes à-la-fois, & tenir leurs
couteaux & ciseaux braqués sur moi, le
temps que les postillons furent à re-
layer. Celles qui étoient aux second &
troisieme rang, ne pouvant approcher,
jetterent leurs boutiques sur mes genoux : plusieurs pointes blesserent les
mains qui m'en offroient d'autres. J'eus
beau assurer que je ne voulois rien, je
ne pus m'en débarrasser. Après avoir ri,
je voulus me facher ; mais ce fut en vain,
elles ne m'écouterent point ; & je m'esti-
mai très-heureuse en partant, d'être dé-
livrée de ces harpies qui me rompoient
la tête. Le champ de bataille, qu'elles
furent forcées d'abandonner, resta teint
de leur sang : plusieurs gouttes étoient
tombées sur les portiéres en dedans du
carrosse. Ces malheureuses finirent par
me faire pitié. Je jugeai qu'il falloit
qu'elles eussent peu de débit, & par

conféquent bien faim pour vexer ainfi les étrangers. Hélas ! fi elles avoient lu au fond de mon cœur, elles euffent éprouvé pour moi le même fentiment; elles l'auroient vu tourmenté du regret d'être loin de vous. Non, jamais les tourments de l'abfence ne furent mieux fentis.

LETTRE V.

La Même au Même.

Barèges le 28 Juillet.

Le 11, après avoir quitté le Chevalier, dont je ne me féparai pas fans regret, nous fumes coucher à Angoulême. Je ne vis ce jour-là qu'une grande quantité de châtaigniers, dont les forêts font remplies. Le Maïs, ou Bled de Turquie, y eft auffi très-commun : c'eft un objet de culture dont on s'occupe beaucoup dans cette partie du Limofin, dans la Guienne & même dans les Pyrénées.

Comme Angouléme eſt ſur une montagne, & que pour y arriver on paie une demi-poſte, il eſt d'uſage de coucher dans les fauxbourgs, qui ſont au bas de la Ville. Le lendemain matin, à l'heure convenue pour partir, nous montâmes à la Ville, non pour en admirer les beautés, car elle eſt laide & mal bâtie; mais pour juger de ſa poſition, qui me paroiſſoit charmante, & pour voir les promenades qu'on a pratiquées ſur les remparts, & qu'on m'avoit dit jolies : mais nous ne vîmes rien ; car à peine avions-nous fait vingt pas dans la Ville, qu'une pluie ſemblable à celle de Tours & de Poitiers, nous força de nous réfugier ſous les portes. C'étoit un jour de marché : la place où il ſe tient, eſt près la porte. En un inſtant nous fûmes preſſés par une foule de payſannes, qui vinrent s'y mettre à l'abri, toutes avec des demi-capes, ſemblables à nos peliſſes : c'eſt l'uſage à Angouléme, comme les capes à Orléans. Aſſuré-

ment vous auriez ri, fi vous aviez pu
me voir à travers ces femmes, interro-
geant à droite & à gauche fur les coutumes du pays , & fur le prix des den-
rées. Je conclus par leurs réponfes , que
l'on pouvoit très-bien vivre dans cette
ville avec une fortune médiocre.

Les charettes qui entroient & fortoient fans ceffe, en nous incommo-
dant , nous forcerent de chercher un autre afyle : nous entrâmes à quelques pas
de la porte, chez un fellier. Dans ce
nouveau gîte, je négligeai les connoiffances que je venois d'acquérir , pour
gagner des talens. On y faifoit des agrémens de caparaçon : ils me parurent
propres à garnir des rideaux ; je pris
une leçon , & je devins maîtreffe. J'a-
chetai du cordonnet, & tout le jour
fe paffa à exécuter ce que je venois
d'apprendre.

Avant de quitter Angouléme , il faut
vanter fes cerifes. C'eft un tribut que
je dois ; nulle part on n'en voit d'auffi
belles ni de meilleures.

Pour arriver à Cubſac, où nous couchâmes, on traverſe un très-mauvais pays, qui cependant n'eſt point déſagréable à l'œil, comme l'eſt ordinairement un terrain inculte, ces landes étant couvertes d'un tapis verd formé par la bruyere & la fougére, qui y viennent très - abondamment. On y trouve quelques petits bois de ſappins, le ſeul arbre qui puiſſe croître dans ces ſables qui ne ſont point recouverts. Au total, les chemins de la Généralité de Bordeaux ne ſont pas beaux : ici, ils ſont très-doux, mais on n'avance point; plus loin, ils ſont d'un dur horrible. (Ah ! M. l'Intendant) ſi vous ſaviez combien il en coûte à de pauvres voyageurs qui vont à Barège, pour être ſecoués auſſi impitoyablement, vous leur applaniriez la route. Croyez-moi, conſultez-les, tâchez de leur être utile : ils diront du bien de vous, & c'eſt un prix auquel on ne doit jamais être inſenſible.

Après avoir passé la Dordogne à
Cubsac, la Garonne devant Bordeaux,
nous arrivâmes dans cette ville, dont
le cadre est bien le plus beau du
Royaume. Rien ne peut être comparé
à l'aspect de son port, où il y avoit
beaucoup de Bâtimens, quoique nous
fussions en guerre, & ce n'est pas,
comme l'on sait, le moment favorable
pour voir un port marchand.

On me fit remarquer de petits bateaux fort joliment décorés, que l'on
nomme *Maisons navales* ; elles appartiennent au Commandant, à la Ville,
au Maire, & elles sont destinées à aller
recevoir & reconduire de l'autre côté
de la riviere, les Princes qui passent à
Bordeaux.

L'intérieur de la Ville n'est pas beau,
les rues en sont ridiculement étroites,
& point alignées. La Place, qui d'un
côté donne sur le port, est bien bâtie, mais elle est un peu petite pour
une si grande ville : au milieu est une

Statue de Louis XV, de Lemoine; fur les bas-reliefs du piédeftal, on voit les campagnes du Maréchal de Riche-lieu, & par-tout on y trouve le Vain-queur de Mahon. Sur cette Place eft la Bourfe, qui eft grande & belle. Toutes les falles font garnies de por-traits en pied des Confuls, & des buftes des Négocians dont les familles font fans reproches. Chacun s'empref-fant d'y mettre le fien, il y en a du haut en bas des falles, tous dans le même coftume, en robe & en rabat. A mefure qu'il en vient un, on remet les anciens aux archives, pour faire place aux nouveaux. C'eft comme dans les familles, où les enfans envoient l'effigie de leurs grands-peres au garde-meuble.

Les principales promenades, je veux dire le Jardin-Royal, & les allées de Tourni, font très-belles. Cette derniere eft bordée de maifons charmantes. Com-me il pleuvoit, je ne pus defcendre dans le jardin, le caroffe arréta devant

a grille, d'où je tâchai d'en saisir l'ensemble. Il est très-vaste, & dans le
grand genre. La rue Neuve, qui est
un des côtés du cadre, n'est séparée du
port que par une grille & une belle
porte de fer, à côté de laquelle sont
placés des emblêmes du commerce. Je
ne connois que la rue Royale à Paris,
qui puisse soutenir le parallele de celle-
là. Toutes les maisons auroient l'air d'hôtel, si on n'avoit omis d'y figurer au
moins des portes cocheres, puisqu'on ne
pouvoit ou que l'on ne vouloit point en
faire, à cause de leur inutilité, le peu
de profondeur des maisons ne permettant point d'y avoir de cours.

C'est dans cette rue où est la superbe Salle de Spectacles, beaucoup
trop belle pour une Ville de province
qui n'a ni Hôtel-de-Ville, ni Gouvernement, ni aucun des autres monumens par lesquels il auroit fallu commencer. Malgré les critiques, c'est un
ouvrage superbe. La coupe de cette

Salle réunit aux agrémens de la nouveauté, toute la noblesse des anciennes. Les murs ont cent-cinquante pieds
d'élévation : la charpente est un chef-
d'œuvre : le Théâtre est à grandes ma-
chines ; les ornements y font d'une richesse extrême. Mais n'imposeroient-
ils pas aux Spectateurs la nécessité de
n'y paroître que très-parés ; & cette
nécessité est-elle avantageuse ou nusible ?
C'est une question que le tems & l'expérience ne manqueront pas de résoudre.

Du côté de la grande entrée, est
une des colonades dont l'architecture
est sublime. A droite font des arcades
qui regnent tout le long du bâtiment,
fous lesquelles on doit conftruire des
boutiques dont le loyer doit, dit-on,
dédommager en partie des millions
qu'on y dépenfe. On compte de même
tirer un grand produit des fouterrains ;
ils font près du port, & feront fort
recherchés pour fervir d'entrepôt aux
marchandifes.

Les Bordelois reprochent d'une voix unanime ce monument au Maréchal de Richelieu ; car ils conviennent qu'il eſt trop beau. C'eſt Louis qui en eſt l'Architecte , & cet Architecte avoit vu dans la Capitale une infinité d'édifices publics gâtés par une baſſe économie. Le grand goût des Romains ſe reconnoiſſoit par-tout , & à Rome & dans les provinces de l'Empire les plus éloignées.

Le lendemain 14 , je fus aux bains ; ils ſont bâtis par un frere de Potevin , & entiérement à l'imitation de ceux de Paris. Le Jeu de Paume eſt fort beau : j'y entrai pour ſatisfaire la curioſité de ma fille , qui n'en avoit jamais vu. On m'ouvrit auſſi le Cabinet d'Hiſtoire Naturelle de M. de Journu , plus curieux par l'élégance qui y regne , que par la quantité de choſes rares qu'il renferme. Il réunit cependant en petit , tous les genres. Les madrépo-

res

res & les coraux y dominent. Il a aussi quelques tableaux fort beaux, plusieurs Originaux de Vernet, beaucoup de Gravures, quelques Bronzes.

En faisant le tour de la Ville, nous passâmes devant le Château-Trompette & le Fort Louis, où nous n'entrâmes pas. La pluie continuant toujours, nous tournâmes le Cirque Romain, qui est à une des extrémités de la Ville, quoiqu'il tombe en ruine. Il s'en faut de beaucoup qu'il soit aussi dégradé que celui de Poitiers ; on en reconnoît aisément la forme ; il y a même une petite partie de l'amphithéâtre qui subsiste encore : il conserve le nom de *Palais Dioclétien.*

LETTRE VI.

Barèges 5 Août.

J'Appris avec surprise, le jour de mon arrivée à Bordeaux, que M. Milly ne couchoit pas dans le même hôtel que nous. Son infenfée & méprifable compagne [bientôt ces noms lui conviendront] me dit qu'il avoit des amis chez lefquels il étoit defcendu comme à l'ordinaire, pour ne rien laiffer pénétrer de leur fecret : mais ne la voyant ni plus inquiete ni plus trifte à la veille d'une féparation qui , felon moi , devoit lui coûter beaucoup ; elle fe montroit au contraire occupée de Spectacles & du defir de trouver un joli appartement. Je lui marquai de nouveau ma furprife fur une réfignation qui , à fon âge, & d'après les circonftances dont j'étois informée, me paroiffoit bien étrange. Elle répondit fans fe déconcerter : je ne fuis point ce que j'ai voulu paroître, je vous ai trompée ; mais il y a des chofes fi extraordinaires dans ma véritable hiftoire, que je n'aurai pas le courage de vous la conter. Hélas ! elle n'en avoit que trop ; fes preuves étoient faites, mais je l'ignorois : je la preffai ; elle fe défendit.

Nous soupâmes. Je me couchai, & je ne songeois plus a elle, quand j'entendis ouvrir ma porte. Après s'être assise à côté de mon lit, elle commença ainsi ce qu'elle appelloit sa seconde histoire.

Seconde Histoire de Mademoiselle de Lusignan, qui pourroit bien encore n'être point la veritable.

» Je vous ai dit vrai, Madame, sur ma naissance & sur les premieres années qui l'ont suivie. Elevée dans le couvent de.... où l'on faisoit de vains efforts pour me déterminer à embrasser un état pour lequel je n'étois pas née ; ma répugnance s'augmentant tous les jours, la Prieure voyant l'impossibilité de la vaincre, & voulant tirer parti de l'occasion, entreprit de faire changer d'avis à mon Pere.

» Sans me mettre du secret, elle écrivit au Prieur de *** pour lui propofer un mariage. Elle en étoit chargée par M. Dufranc, son frere, ancien Capitaine de vaisseaux, dont l'air ne m'avoit frappé que par sa rudesse. Ayant conçu de tendres sentiments pour moi, il les avoit fait partager à sa sœur. De quelles impressions le cœur d'une Religieuse n'est-il pas susceptible, quand celui qui veut les faire naître, joint à son opinion quelques livres de sucre ou de chocolat? & le Capitaine n'épargnoit ni l'un ni l'autre.

Mon Pere ennuyé de mes refus, trouvant d'ailleurs cette alliance convenable, accepta sans me consulter : il offrit une petite dot ; on s'en contenta Il n'auroit rien donné, qu'on m'eût prise de même ; l'amour ne calcule point.

Quoique depuis quelque tems, la Prieure me traitât avec moins de dureté, quand un jour on m'avertit de passer dans son appartement, je ne savois à quoi attribuer cette faveur ;

mais elle fixa bientôt mes doutes en me félicitant, avec dignité, sur mon bonheur, & en ordonnant, sans me consulter, les apprêts d'un hymen, qe'elle venoit d'arranger.

L'âge & l'air sauvage du Capitaine, qui se trouvoit en face de moi, & dont la gaîté ajoûtoit à la laideur, me firent hésiter sur les remercîments. Le premier moment ne fut pas pour lui; mais la réflexion me fit changer d'avis : c'est en pareil cas ce qui perd les jeunes personnes, quand elles n'ont point de principes. Je ne vis plus dans cette union que ma liberté : avec un Mari, je la croyois assurée ; & je me livrai entièrement au plan d'inconséquence que j'avois déjà formé.

Mon mariage se fit au Couvent. J'avois alors quatorze ans, & M. Dufranc finissoit son dixieme lustre. Un regard dur, un ton brusque, un costume ridicule, étoient les agréments dont il rachetoit cette disproportion d'âge. Son

caractère n'étoit pas plus aimable, &
son esprit lourd & péfant ne pouvoit
prendre l'effor, que quand il étoit tourmenté par quelque paffion vive, telle
que la jaloufie; auffi la portoit-il à
l'excès. Pour qu'il ne manque rien à
ce tableau, il faut encore ajoûter que
d'anciennes bleffures qui le rendoient
impotent, moitié de l'année, dou-
bloient fon humeur, chaque fois qu'il
s'en reffentoit.

» On imagine bien que pour célébrer
la nôce, il avoit choifi la faifon de l'année où il fe portoit le mieux: malgré
cette précaution, il futrès   de moi,
comme *Titon* avec l'*Aurore*, avant
fon rajeuniffement. Il crut, non fans
raifon, qu'une union auffi mal affortie, ne pourroit être heureufe, fur-
tout fi je voyois dans la fociété, des
hommes moins mauffades que lui. Ce
principe cependant n'eft pas général, & j'aurois pû fournir un exem-
ple du contraire, |fi la confiance, les

bons procédés & les plaisirs que l'on goûte dans une société douce & honnête, en formant mon cœur & mon esprit, m'eussent appris qu'on peut trouver le bonheur avec le sentiment de la douce amitié. M. Dufranc usa des moyens contraires ; rarement ils réussisent. Je ne connoissois personnne ; je ne fis point de visite, & il m'enferma dans mon appartement, où lui seul entroit.

» Mon esclavage dura deux ans. Il eût été éternel, & le desir de me venger, sans succès, si le fils d'un de ses anciens amis, qui arrivoit des Indes, ne lui eût été recommandé. Il le logea chez lui, & le fils de son ami devint bientôt mon amant.

» Depuis long-tems, mon Mari desiroit un gage de notre union. Quoique je formasse le même vœu, rien n'annonçoit qu'il dût s'accomplir. Je crois même qu'il ne l'espéroit plus, quand d'heureux symptomes me firent croire qu'enfin je serois mere. Je me hâtai de lui faire part d'une nouvelle qui devoit le charmer. Elle produisit l'effet contraire ; il se fâcha. Jugez s'il avoit tort ?

» Son ami partit. M.´ Dufranc me conduisit à la campagne, où je m'ennuyai. J'y donnai le jour à un fils ; mais bientôt je le perdis. Cet évenement fut suivi d'une maladie de langeur qui fit craindre pour ma vie. Les Médecins jugerent que la dissipation pouroit seule me rétablir. Mon mari m'aimoit, & quoi qu'à regret, il consentit à ce remede, dont il prévoyoit les suites.

» Je fus ramenée a la Ville, où je vis du monde ; c'etoit un des points de l'ordonnance. Ma santé devint meilleure. Je fis connoissance avec cet Officier Suedois dont je vous ai conté l'histoire & la mort. Cette intrigue ayant été secrete, mon Argus, pour cette fois trompé, ne s'en douta que par l'état cruel où je fus après l'avoir perdu. Mon délire étant continuel , je l'entretenois fans ceffe de ce que j'aurois du lui cacher ; mais le danger auquel j'étois expofée, & la crainte de me perdre , en aigriffant mes maux , le firent paffer fur cette feconde intrigue , d'autant plus facilement que l'objet n'en exiftoit plus.

» Je languis pendant plus d'un an après maladie , me promettant bien de ne plus aimer. Je ne réflechiffois point à la difficulté de tenir un pareil engagement ; je n'y fus pas fidele , & aujourd'hui que j'en fens les conféquences , je ne promets plus rien.

» Il y avoit alors à B... une Comédienne, nommée *Damafie*, qui faifoit grand bruit par fa figure , & fon intimité avec une femme de cette Ville. *Damafie* avoit congédié fes amans, pour devenir celui de Mde. de Boinville ; c'eft ainfi qu'on la nommoit. Cette derniere fans pitié avoit médit de moi , lors de mes malheurs ; je voulus m'en venger , & la curiofité fe joignant

à ce défir, j'écrivis à Damafie, de paffer chez moi. Elle s'y rendit, & me
conta fon traité avec Madame de
Boinville.

» Quand j'appelai Damafie, je ne voulois favoir que fon hiftoire, pour m'en
divertir ; mais en apprenant fes fecrets,
il me prit une autre fantaifie à laquelle
je ne réfiftai point. Ce fut de me fub-
ftituer à la place de Madame de Boinville. Je lui défendis de retourner chez
cette femme. Je lui payai fon mois
d'avance. Elle me témoigna fi bien fa
reconnoiffance, que lorfqu'elle me
quitta, j'étois enchantée. Prefque tous
les matins elle venoit chez moi ; ma
femme de chambre l'introduifoit par
un efcalier dérobé. Quand mon hideux
& trifte Mari la rencontroit, on la faifoit paffer pour une Marchande de
modes. Le foir, je la voyois au fpectacle, dans une petite Loge que j'avois
à l'année. Elle venoit m'y joindre
pendant les Piéces où elle ne jouoit

pas. Mon attachement augmenta ſi fort pendant le premier mois, que n'ayant point d'argent, & voulant la conſerver aux conditions preſcrites, je mis en gage le reſte de mes bijoux, dont je lui avois déjà donné une partie.

» Cependant ma liaiſon avec elle s'ébruitoit ; on en parloit dans tous les cercles. Les hommes de qui j'avois refuſé les hommages, m'en plaiſantoient. Mais indifférente ſur tout ce qui ne contrarioit point ce caprice, à peine daignois-je le nier. Je croyois que M. Dufranc l'ignoroit, & je n'en demandois pas d'avantage. »

» M. de Clairville, Lieutenant de Vaiſſeaux, fils de M. de Clairville, Lieutenant de Roi de B.. m'offroit ſes vœux depuis long-temps. Un jour que j'étois au ſpectacle avec Damaſie, j'entendis frapper à la porte de ma Loge ; j'ouvris, c'étoit l'amoureux & obligeant Clairville, qui me dit avec précipitation : » ſortez, Madame, j'ai des

» chofes de la derniere importance à
» vous communiquer ; il n'y a pas un
» moment à perdre. « Je le fuivis pâle
& tremblante ; nous nous échapâmes
par une petite porte, & à la faveur de
l'obfcurité, nous arrivâmes fans être
reconnus, dans une chambre qu'il avoit
en Ville. A peine entrée, il me recommanda de ne point m'ennuyer, ferma
la porte fur lui, & s'enfuit, en em-
portant la clef. Mon inquietude augmentant à chaque feconde, jugez de
fon excès, quand à neuf heures je ne
le vis pas revenir : dix heures, onze
heures & minuit même fonnerent,
fans que j'entendiffe parler de lui. Mille
idées s'offrirent à ma penfée, fans que
j'imaginaffe la véritable. J'accufois M.
de Clairville, de m'avoir trompée. Je
croyois qu'il s'étoit fervi de ce prétexte,
pour fe venger & me punir de mon
goût actuel. Que j'étois injufte !

» Je fongeois aux foupçons, à la
fureur de mon Mari. Je cherchois des

raisons à pouvoir alléguer. Dix fois je tentai de m'évader, mais toujours envain. La porte étoit fermée, je n'avois pas de lumiére, & je ne connoissois point l'appartement: tous mes efforts ne pouvoient qu'être inutils. A une heure moins un quart, j'entendis un léger bruit sur l'escalier; je m'élançai vers la porte pour m'enfuir aussi-tôt qu'elle s'ouvriroit : mon aimable & généreux Liberateur s'apperçut en entrant , de mon projet; il s'y opposa, en criant : --- arrêtez , Madame; le silence que j'ai gardé par prudence, en vous conduisant ici , & que votre frayeur ne vous a pas permis de rompre, a pu vous donner une idée fausse sur cette démarche ; mais apprenez à me connoître. Je voudrois tout devoir à l'amour; je ne devrai jamais rien à la ruse: vous êtes maîtresse ici; j'oublie mon amour, & ne le rappélerai que dans des temps plus heureux; votre sûreté est ce qui m'a déterminé à vous y conduire ; écoutez-moi , & apprenez de quoi vous étiez menacée :

» Le Juif chez qui vous avez mis vos bijoux en gage , a cru , pour sa sûreté , devoir en avertir votre Mari , ce qui lui a fait naître des soupçons ; par son ordre , on vous a suivi ; il a découvert vos secrets , & indigné de ce qu'il nomme votre inconduite , & d'un scandale aussi public , il a obtenu contre vous une lettre-de-cachet , que mon pere a reçue , & dont on devoit faire usage cette nuit. J'ai été assez heureux pour en être instruit & pour en prévenir l'exécution : tâchons maintenant , par une marche sage , de rendre inutiles les perquisitions qui vont être faites aussi-tôt qu'on s'appercevra de votre évasion. Il me paroît prudent de rester ici quelques jours pour donner le tems de rentrer à ceux qui sont à votre poursuite.

» Ma démarche a dû vous surprendre. La précipitation avec laquelle je vous

ai quittée devoit vous paroître étrange ; mais je craignois, en reſtant plus
long-tems avec vous , de faire naître
des ſoupçons. En vous quittant, je re-
tournai au ſpectacle ; je me ſuis montré dans toutes les loges ; j'ai ſoupé
avec trente perſonnes , chez l'Intendant de la Marine , où j'ai affecté de
ne ſortir que le dernier , malgré l'em-
preſſement que j'avois de vous rejoindre , & que j'aurai toujours d'être à
vos pieds.

» Après les remercîmens que je lui
devois pour un ſi grand ſervice , je
priai M. de Clairville d'achever ce
qu'il avoit commencé ; je le ſuppliai
d'être mon protecteur , & de me ſau-
ver du péril dont j'étois menacée. Nous
convînmes que je reſterois trois jours
cachée à B.... qu'enſuite il me conduiroit ſecretement dans une campagne
qu'il avoit près de la Ville, & où je ſerois en ſûreté , juſqu'à ce que nous
fuſſions déterminés ſur un autre aſyle.

Pendant les trois jours que je reſtai cachée à B...., je ne vis que mon Libérateur. N'ayant voulu confier mon ſecret à perſonne, il m'apportoit lui-même à manger ; ſes ſoins s'étendirent juſqu'à me procurer du linge & des habits, dont je manquois. Il m'en fit faire un d'homme ; & la nuit du troiſieme jour, nous nous rendîmes à cette campagne où ſon pere n'alloit jamais.

» Je devois y reſter quinze jours. M. de Clairville pendant ce tems fit ſentir à ſon pere la néceſſité d'un voyage de Paris, pour ſolliciter des graces auxquelles il avoit droit de prétendre. Tout étoit prêt ; le ſur-lendemain étoit le jour choiſi, mais un obſtacle invincible s'oppoſant à ce départ, il fallut en le retardant, s'occuper d'autres moyens pour aſſurer ma retraite.

Mon brave & généreux Défenſeur, en recevant des ordres de la Cour pour s'embarquer très - promptement, fut obligé d'abandonner son projet, & de me chercher un autre Guide , fur la fidélité duquel il pût compter. Le ha-zard lui en fournit un dans M. Milly. Il favoit qu'il étoit à B.... & qu'il re-partoit inceffamment pour Bordeaux. Quoique M. de Clairville le connût peu , il l'avoit affez vu pour apprécier fon honnêteté , & par conféquent pour être sûr qu'il n'abuferoit pas de mon fecret.

Il ne fe trompa pas : non-feulement M. Milly le garda fcrupuleufement ; mais il s'offrit de me conduire dans l'endroit que je choifirois, d'où il pro-mit de ne partir qu'après m'avoir pro-curé un logement commode & des gens pour mon fervice.

Je favois qu'il alloit à Bordeaux, & pour ne point allonger fa route , je nommai cette Ville pour le lieu de ma réfidence. M. de Clairville viendra m'y joindre après la campagne. Je lui devois de la reconnoiffance , je n'avois qu'un moyen de m'acquitter, pouvois-je le refuſer ? Je fis plus, je promis d'être conſtante. Je n'ai pas, à la lettre, rempli cet engagement ; mais le voyage, des circonſtances qu'on ne peut ni prévoir ni empêcher, me ſerviront d'excuſe, ſi jamais il s'en doute.

» En arrivant ici, j'ai exigé de M. Milly, qu'il ne logeât point dans cet hôtel. Je crains toujours d'être arrêtée, & je ne veux pas qu'on me ſoupçonne d'avoir fui avec lui : c'eſt la ſeule raiſon qui me détermine à attendre M. de Clairville à Bordeaux ; ma vanité étant à couvert ſi je ſuis arrêtée avec lui.

» Mais vous me voyez au comble de la joie, continua Madame Dufranc, je viens de recevoir des nouvelles de Damaſie ; elle m'aime, me regrette, & elle ſeroit venue me joindre ſi la prudence ne l'eût arrêtée. Vous n'avez pas d'idée de l'attachement que nous avons l'une pour l'autre. « -- Vous avez raiſon, Madame ; mais je ne ſuis pas curieuſe de l'apprendre ; je vous rends grace de votre complaiſance ; il eſt tard, & je vous prie de me laiſſer.

Elle comprit ce que renfermoit cette courte & froide réponſe, & elle ſe retira. J'avois conçu pour elle une ſi grande indignation pendant cette hiſtoire, que ſi elle n'avoit pas pris ce parti, je crois que je l'aurois miſe à la porte. [a]

---

[a] Depuis 1779, que ces Mémoires furent écrits, juſqu'au moment où on les publie, l'Auteur a appris que M. de Clairville n'étoit point venu à Bordeaux, ainſi qu'il l'avoit promis à Madame Dufranc, pour laquelle il n'avoit pu concevoir une véritable paſſion ; ce qui paroîtra tout ſimple aux ames délicates, puiſqu'elle étoit combattue par le mépris.

Madame Dufranc ayant diſſipé promptement l'argent que Clairville lui avoit donné, s'endetta. Se trouvant enſuite tourmentée par les créanciers, & ſans doute par ſes remords, elle ſe réfugia dans un Couvent,

Mais pourriez - vous m'apprendre quelle raison a pu déterminer cette femme à me raconter froidement tant d'horreurs, & comment j'ai pu me prêter à les écouter ? Ce n'étoit ni par intérêt ni par curiofité. Etoit-ce pitié ? Elle n'en méritoit point. Qu'étoit-ce donc ? Je ne puis m'en rendre compte ; je fais feulement que je m'eftimai très-heureufe le lendemain d'en être éloi-gnée pour jamais. Heureufe ! Comment puis-je prononcer ce mot, quand je fuis féparée de vous ? Hélas ! pour

---

avant d'implorer la miféricorde de fon mari, qui fe trouvant trop heureux d'être débarraffé d'une telle femme, confentit de grand cœur à lui faire une penfion, dont il ne lui donna avis qu'en envoyant à la Prieure un ordre de la Cour, qui forçoit Madame Dufranc de refter dans la retraite qu'elle avoit choifie. Sans doute elle y paffera fa vie ; & fes jours ne feront pas affez longs pour déplorer tant d'erreurs, que, pour fon repos, on affure qu'elle con-noît trop bien aujourd'hui.

être fur mes lèvres, qu'il eſt encore loin de mon cœur. Adieu.

L E T T R E V I I.

La Même, au Même.

Barèges le 7 Août.

LA journée de Bordeaux à Agen étant forte à cauſe du paſſage de trois rivieres, & de la longueur des lieues [a],

---

[a] Les lieues de Gaſcogne ſont d'une longueur prodigieuſe ; auſſi Henri IV demandoit-il au Duc d'Epernon, qui arrivoit de cette province, *ſi on ne comptoit toujours que trois lieues du port de Sainte-Marie à Agen ?* --- *Oui, Sire,* répartit le Duc ; *mais eſt-ce que Votre Majeſté les connoît ?* -- *Ventre-ſaint-gris,* dit le Roi, *ſi je les connois ? je les ai fait aſſez de fois à pied pour cela.* En faveur de cette répartie, les habitants n'ont pas voulu en compter davantage, quoique, pour les parcourir à pied, il faille un jour tout entier.

je la coupai en partant le 14 à six heures du soir pour aller à sept lieues de Bordeaux. J'aurois pu choisir l'endroit où je voulois m'arrêter ; car fur cette route les villages font fi multipliés, qu'on pourroit fe croire toujours dans les fauxbourgs de cette grande Ville. En arrivant du côté d'Agen, les villages font moins près ; mais le pays eft également beau & auffi bien cultivé. C'eft une vérité qui n'eft pas nouvelle : les Gafcons favent tirer parti de tout.

La derniere riviere que je traverfai eft le Lot : je le paffai à Aiguillon. Le Château m'a paru grand & beau.

La violence de la pluie me détermina à féjourner le 16 à Agen. Je vis une petite Ville laide dans tous les points. Il y a très-bonne compagnie. Je fus à même d'en juger chez Madame de Clairefontaine, où je paffai la journée. Cette Dame joint à la plus grande politeffe, tout l'efprit & l'amabilité poffibles.

Le 17 , j'arrivai d'affez bonne heure à Auch , pour aller avec Madame des .. chez qui je logeois , à un bal que les Officiers du Régiment de Belfunce donnoient à Madame l'Intendante, dans la falle de Comédie. Cette falle étant trop grande pour le monde qu'elle contenoit, la fête fut trifte. Votre petite amie y réunit tous les fuffrages ; on vanta fes graces , fa légereté , fa taille , fa petite mine : quel moment pour fa mere !

Le 18 & le 19, je reftai à Auch. J'eus le tems d'y voir la Ville, qui n'a rien de remarquable. Elle eft placée fur une montagne. La Cathédrale eft grande & belle ; mais elle n'eft point ornée. Il y a une chapelle en l'honneur de je ne fais plus quelle Sainte ; dont le tableau reffemble plus aux trois Graces, qu'aux trois Vierges qu'il eft cenfé répréfenter. Les vitreaux font fu; perbes, & auffi bien confervés , que fi ils venoient d'être pofés. Le portail eft ridicule : en le racommodant, on y a mêlé de l'architecture moderne, qui ne s'alliant point à l'ancienne qui y domine, offre un aspect désagréable. C'est une chose étrange que ce goût bizare qui assortit l'architecture Grecque ou Romaine avec l'architecture Gothique. Ce mélange ressemble à un animal composé de la tête d'un bel homme, & du corps hideux de quelque monstre. Quoiqu'on m'eût vanté les promenades, elles ne valent pas la peine d'être citées.

Le 20, j'allai coucher à Tarbes. Je ne connois rien d'aussi agréable que le chemin qui conduit de Rabastin à cette Ville. Il est droit comme une allée des Thuileries, & n'est pas plus montueux. Les fossés sont remplis d'eau courante, qui s'échappe par de petits conduits, pour arroser de belles prairies qui régnent tout le long. Derriere ces prairies sont des vignes élevées à six ou sept pieds de terre ; au-lieu de

bâtons

bâtons pour les appuyer, ce font des
Cerifiers, ou autres arbres fruitiers,
d'une efpece qui faifant peu d'ombre,
& pouffant peu de racines, ne nuifent
point à la vigne. Quand les feps ont
atteint la tête de l'arbre, on en recour-
be les branches fur des conducteurs,
qui vont d'un arbre à l'autre, ce qui
forme des guirlandes très-agréables.
Plus loin font des bois ; la vûe eft ter-
minée par les Pyrénées, qui s'appercevant de loin, forment le fond du
tableau.

Tarbes eft fans contredit une des
plus jolies Villes de Gafcogne. La pofition en eft charmante. Les rues en
font bien ouvertes, ce qui n'eft pas
ordinaire dans les Provinces Méridio-
nales. Les ceintres des portes & des
croifées, même dans les plus petites
maifons, font de marbre ; elles font
toutes également couvertes d'ardoifes,
& les ruiffeaux qui traverfent les rues,
donnent à cette Ville, un air de pro-

preté que je n'ai remarqué dans aucune autre. Les femmes du peuple, ainsi qu'à Auch, portent de grands voiles blancs, qui leur couvrent la moitié du corps; ces voiles sont d'une étoffe de laine claire, connue sous le nom de *Voile*. Enfin, le 21, je partis de Tarbes, pour aller coucher à Barège. Je passai par Lourde, petite Ville située au bas des Pyrénées; c'est l'avant-derniere de France, de ce côté.

Il y a onze lieues de Lourde à Barège; le chemin pourroit être regardé comme une huitieme merville. Il est pratiqué en partie autour des montagnes, de maniere que les huit premieres lieues se font comme en plaine. Malgré la beauté de cette route, les précipices qui se trouvent au bas la rendent effrayante, sur-tout l'espace de deux à trois lieues, où n'étant point assez large pour qu'on puisse retourner ou faire passer une seconde voiture, si on en rencontroit une, il faudroit

que la moins avancée reculât; & il ne
feroit pas fûr de reculer en tournant
au bord d'une riviere, que l'on a quelquefois à plus de 200 pieds au-deſſous
de foi; et quelle riviere? Son bruit
feul eſt effrayant : elle coule avec beaucoup de rapidité, fur de groſſes ro-
ches qui en brifant fes vagues, les font
retentir au loin.

L'entrée deſ Pyrénées eſt charmante.
Elle eſt cultivée & l'on y trouve des
villages confidérables, même une petite Ville, qu'on appelle Luce, vis-à-
vis de laquelle font les reſtes d'une
ancienne fortereſſe où le Roi de France
avoit autrefois des Troupes, pour arrêter les incurfions des Maures & des
Eſpagnols.

Les Pyrénées offrent des fites où l'on
defireroit d'avoir un hermitage. Dans
ces lieux fauvages, ignoré de tout
l'univers, on pourroit paſſer quelques
moments heureux; mais il ne faudroit
pas qu'ils fe répétaſſent. Je fuis étonné

que ces montagnes ne foient pas peu-
plées d'amans trahis, & de femmes
abandonnées. Le Gave (nom de la riviere qui y paſſe) remplaceroit la fontaine d'*Hypocrene*, & les Elégies y cou-
leroient de ſource. D'ailleurs, quel
agrément ne trouveroient pas ces infortunés à ſe disloquer les membres,
& à ſe rompre le col, roulant d'une
montagne dont la ſurface eſt entiérement de marbre, & à ſe précipiter
de-là dans le torrent, ce qui termine-
roit leur roman d'une maniere neuve,
& bien piquante!

Le chemin qui conduit à Barège,
paſſe près du pont d'enfer, qu'on tra-
verſoit autrefois, avant que cette route
fût faite. Le nom de ce pont peint
mieux l'horreur du lieu, que la deſ-
cription que je pourrois en faire. Je le
conſidérai long-tems; & quoique l'aſ-
pect en ſoit terrible, je ne m'en arra-
chai qu'avec peine, abandonnée malgré moi à mille réflexions que ces lieux
inſpirent.

La pofition de Barège doit être la plus horrible des Pyrénées, du moins à en juger par la partie que j'ai parcourue. Les montagnes y font refferrées, hautes & trop efcarpées pour être mifes en valeur : elles offrent des vues triftes & fauvages, parce qu'elles font en grande partie couvertes de pierres & de rochers, qui en fe détachant d'anciennes montagnes, en forment à la longue de nouvelles.

Barège n'a qu'une feule rue, qui a cent quatre-vingt-feize toifes de long. Le Village eft bâti au pied de la montagne, qu'il a fallu couper pour avoir du terrain : au-deffous eft le Gâve, que les habitans appellent *Baflan*, ce qui dans leur patois veut dire ravageur. Il eft bien nommé, car dans la fonte des neiges, il eft alors fi condérable tant par lui-même que par la multiplicité des fources qui viennent s'y joindre, qu'il fait fouvent beaucoup de dégât, en entraînant tout ce qu'il trouve fur fon paſſage.

Il prend fa fource fur une monta-gne aux frontieres d'Eſpagne, près d'un Village que l'on nomme Gaverny : la plus grande partie des Buveurs y vont par curioſité. Ma mauvaiſe ſanté ne me permet pas de faire ce voyage, qu'il faut entreprendre à cheval. C'eſt fur le chemin de Gaverny qu'on trou-ve un pont de neige, comme dans les tems les plus reculés.

Barège n'eſt habité que pendant la faiſon des eaux, c'eſt-à-dire, depuis le premier Mai juſqu'au 15 Octobre. Il eſt dangereux de s'y rendre de trop bonne-heure, parce qu'après la fonte des neiges, il y a des ravins ſi conſi-dérables, qu'ils minent les montagnes, & que ſouvent il s'en détache des par-ties qui tombent fur les routes : cela étoit arrivé quelques jours avant mon paſſage, & la communication avoit été interceptée. Le reste de l'année il n'y a que deux ou trois hommes, pour garder les maisons & en prendre soin. Pendant la saison, il vient de Lourde une Compagnie d'Invalides pour veiller à la sûreté des Buveurs, & pour mettre la police parmi les Soldats malades, qui sont toujours en grand nombre.

Quand on a le courage de monter sur le sommet des montagnes, c'est-à-dire des premieres, car elles ressemblent à l'Ouvrage des Titans, on y trouve les plus jolis plateaux possibles, des prairies charmantes, émaillées des fleurs les plus agréables, & inconnues dans nos climats. Elles sont arrosées par des cascades qui tombent des autres montagnes, contre lesquelles celles-ci sont appuyées.

On y rencontre aussi çà & là des chaumieres qui sont habitées. Leurs malheureux propriétaires n'y vivent que de choux, de pain noir & de lait. Huit mois de l'année ils sont enfermés sous

la neige, où ils pratiquent des sentiers
pour mener boire leurs troupeaux. A
côté de leurs cabanes ils raffemblent
des fources dans des réfervoirs, qui
fourniffent abondamment à leurs be-
foins. Malgré la dureté de cette vie, ces
Montagnards meurent très-vieux. Une
fille de quatre-vingt-quatre ans, qui
tous les jours m'apporte de la crême,
me contoit, dans l'amertume de fon
cœur, que fi elle avoit cru devenir
orpheline fi-tôt, (il n'y a que dix ans
qu'elle a perdu fa mere) elle fe feroit
mariée. Elle vit avec un neveu dont
elle eft la fervante. Malgré fon grand
âge, tout l'Eté elle monte & defcend
trois ou quatre fois par jour la montagne. Il y a autour de ces habitations
quelques champs de feigle, qu'on la-
boure à la bêche, la pente étant trop
forte pour l'ufage de la charrue. Parmi
les montagnes qui environnent Barège, on en diftingue d'anciennes & de
nouvelle formation : on les reconnoît

aisément par le sens de leurs couches.

Le climat de Barège est très-désa-gréable. Le mois de Juin & le com-mencement de Juillet y ont été aussi pluvieux & aussi froids que le mois de Décembre l'est à Paris. Nous avons eu quelques jours de chaleur qui ne se font pas soutenus, étant toujours sui-vis d'orages. Le tonnerre se fait enten-dre quelquefois pendant quarante-huit heures : alors les nuages s'abaissent, in-vestissent le Village, & sont si épais, que l'on ne distingue pas un homme à vingt pas. A six heures, il faut de la lumiere. Aujourd'hui 7 Août, il a neigé toute la nuit sur la montagne. A la moyenne région, cette neige se fond & tombe en pluie très-froide. Il y a quatre jours que mon feu n'a point été couvert. On commence à couper les seigles.

Les Montagnards, par les tems froids & pluvieux, portent des demi - man-teaux avec un capuchon, d'une grosse

Étoffe de laine fort ferrée, fur laquelle la pluie coule Ainfi vêtus, ils reffemblent à Robinfon. Les femmes fe fervent dans tous les tems d'un morceau de laine rouge qui leur emboîte la tête & qui tombe au milieu de leur dos ; ce qui fe nomme *Capulet* ; cela les garantit également du foleil & du froid.

L'art remédie aifément aux influences de l'air, même chez les peuples groffiers, tandis que, parmi nous, aucun Philofophe n'a encore publié de folide antidote contre les peines du cœur & les ennuis de l'abfence. Ma comparaifon n'eft peut-être pas trop jufte ; faites - lui grace en faveur de l'idée.

J'ai trouvé beaux dans tous les tems, mais je n'ai jamais mieux fenti la vérité de ces Vers de *Chaulieu* :

J'appelle à mon fecours, raifon, philofophie,
Je n'en reçois, hélas ! aucun foulagement ;
A leurs belles leçons infenfé qui fe fie,
Elles ne peuvent rien contre le fentiment :

Raifon me dit que vainement
Je m'afflige d'un mal qui n'a point de remede;
Mais je verfe des pleurs dans le même moment,
Et fens qu'à ma douleur il vaut mieux que je cede.

Chaulieu ne devoit plus revoir fon ami *La Fare*, mais moi, je reverai.... Adieu.

LETTRE VIII.

La Même, au Même.

Barège le 9 Août.

LEs eaux thermales de Barège font fulphureufes, & leur odeur eft défagréable ; les bains déplaifent également : ils reffemblent à de petits caveaux dans lefquels on a pratiqué des cercueils, les baignoirs étant en pierre brutte. L'idée n'eft pas gaie ; je vous en demande pardon ; mais pour la juftifier, repréfentez-vous un petit cachot voûté, qui ne reçoit d'air & de lumiere que par la porte, que l'on tient toujours fermée ; des murailles noircies par le temps & par la vapeur du bain, qui, s'attachant au plafond, & retombant le long du mur, y forment des deſſins où l'on peut diſtinguer à volonté, comme dans les nuages, les objets dont notre imagination eſt frapée. Pour moi, je n'y vois jamais que des ſquelettes, des malheureux pâles, défigurés, en un mot l'humanité ſouffrante, telle qu'on la rencontre à Barège.

Il y a à Barège cinq Bains de chaleurs différentes : le moins chaud fait monter le thermometre de Réaumur à vingt-huit degrés, & le plus chaud à trente-quatre. L'eau de ces réſervoirs deſtinée pour les douches, eſt à quarante degrés. Cette chaleur eſt inſupportable : les préparatifs n'en valent pas mieux. On étend le patient nud ſur des carreaux remplis de paille, ou bien on l'enveloppe d'un drap ; on l'y tourne & retourne, fuivant l'endroit où il a befoin de prendre la douche. Pendant qu'on la reçoit on crie , quelquefois on s'évanouit , & l'on s'occupe toujours des moyens de fauver quelque membre de cette eau bouillante , à laquelle on ne peut s'accoutumer.

Indépendamment de ces Bains, il y en a un pour les pauvres : celui-ci fe remplit des eaux qui fortent des premiers par un réfervoir commun. Ce mélange eft admirable ; on en voit tous les jours des miracles.

Le bain fe paie 12 fols depuis l'année derniere ; il n'étoit auparavant qu'à cinq. C'eft M. de Laboulaye , Intendant d'Auch , qui a changé cette taxe , pour faire le bien des habitans de la vallée , à qui les eaux appartiennent. On lui a contefté le droit d'augmenter à fa volonté , un impôt fur le Public : les Buveurs ont envoyé contre lui un mémoire au Procureur-Génégal , pour qu'il dénonçât fon Ordonnance. Ils ignoroient qu'il ne pouvoit pas se mêlér de l'administration de la vallée, les Intendants du Béarn ayant obtenu ce privilège.

Il auroit fallu que les plaignants s'adressassent au Conseil ; mais la saison finie, ils payerent & n'y penserent plus. Cette année ils payent, & n'y pensent pas d'avantage. C'est assez le caractère de notre Nation : crier à tue-tête, avant que la chose se fasse, s'en taire, ou en plaisanter, quand elle est finie.

LETTRE IX.

La Méme au Même.

Barèges le 12 Août.

L A quantité de neige qu'il y a sur les montagnes, a coupé la communication de Bagnère ici ; le Commissionnaire a été obligé de faire le tour & de passer par Tarbes, pour gagner la grande route. La neige fondue continue toujours de tomber ici. Plaignez un peu les habitans de Barége.

Après vous avoir entretenu de ce climat, parlons auſſi de la manière dont on y paſſe le tems: quoiqu'il y ait beaucoup de monde, rien n'eſt auſſi triſte que ce ſéjour; on ne s'y raſſemble pas. Les femmes qui aiment à ſortir, paſſent leur vie à faire des viſites. Moi qui préfere ma ſolitude à ce genre de plaiſir, je ſuis fort contrariée, quand il faut les rendre.

Il y a au milieu de Barège, un ſalon deſtiné pour le bal & pour le jeu: on aſſure que les années paſſées il étoit toujours rempli; pour celle-ci il n'y a jamais perſonne. Quand par hazard, la Marquiſe de L.. a bien envie de danſer, on parvient à y raſſembler une douzaine de perſonnes: là,

Tirant l'aîle, traînant le pied,
Demi-morte, démi boîteuſe, [a]

---

[a] *Fable des Pigeons de la Fontaine.*

On se tourmente à chercher de l'amusement. Pour moi, mon grand plaisir est après avoir fait une partie, de causer, de recueillir à droite & à gauche, des anecdotes, dont quelques-unes vous divertiront.

A mon arrivée ici, il y avoit peu de monde. Je profitai du moment pour recevoir deux ou trois fois le Comte Guillaume. J'étois bien aise de savoir par lui, une partie des avantures de sa famille, & de lui entendre conter les particularités de son mariage avec Mde. Dubarry.

Le Comte Guillaume peut avoir cinq pieds deux pouces. Je ne crois pas qu'il ait cinquante ans ; mais il en a mille par l'état où son inconduite l'a réduit. Il est maigre & jaune ; il ne conserve pas une dent. Les coins de sa bouche tombants & les yeux éteints, lui donnent un air tout-à-fait piteux. Il ne parle point à moins qu'on ne l'interroge ; il est d'un froid peu ordinaire

je l'attribuois à la honte & à l'apathie
où son état devroit l'avoir plongé ;
mais j'ai changé d'opinion , en l'é-
coutant.

A la réforme des Cantabres , il fut
envoyé à Saint-Domingue , pour continuer son service : il y resta quinze
ans , pendant lesquels il repassa deux
fois en France. Avant d'y revenir pour
la derniere , il fut attaqué de la maladie de Siam , dont il manqua de mourir. On lui ouvrit les quatre veines ;
c'est le seul remede connu pour cette
maladie. Il guérit.

Ce fut quelque tems après son retour , que son frere lui proposa d'é-
pouser Mlle. Beauvernier : d'abord il
refusa. Il est très plaisant de lui entendre dire que, n'étant point amoureux
de Mlle. Beauvernier, qu'il voyoit depuis un mois, il ne trouvoit pas les
200 mille livres qu'on lui offroit , suffisans pour justifier cette sottise. Cependant les instances de son frere , join-

tes au befoin qu'il avoit de réparer fa fortune, le déterminerent à donner fon nom à Mlle. Beauvernier, pour s'emparer de la dot, qu'il mit fur le champ en viager. Il l'époufa à trois heures du matin, n'ayant pu obtenir de l'Archevêque de Paris, la permiffion de fe marier la nuit. C'eft à la Madelaine où ce mariage fe célébra, & non dans un appartement, comme beaucoup de Gens le croient. Après la cérémonie la honte revint; & depuis, ce vertueux époux n'a pas vu fa femme, quoiqu'elle l'ait fait demander à plufieurs reprifes. Après le mariage, on lui a donné des Terres fuperbes, dont celle de Roquelaure eft la principale.

Une autre fois, il me difoit : » la Comteffe n'eft pas riche pour la place qu'elle a occupée. Elle fait une dépenfe incroyable; la mort du Vicomte l'a beaucoup dérangée. A fon paffage en Angleterre, elle a figné pour cinquante mille écus de billets pour lui.

Il a fallu qu'elle payât à sa veuve 200 mille francs, qu'elle s'étoit engagée de lui donner par son contrat de mariage. Enfin, ajoûte son digne époux, je ne serois point étonné, si elle ne met point d'ordre dans sa maison, que d'ici à quelques années, elle ne se fît arrêter par ses créanciers. Alors je croirai devoir me sacrifier, & je vendrai mes Terres pour arranger ses affaires. ... Quel héroïsme ! Cela me feroit croire qu'on en rencontre par-tout.

Quand ils étoient en faveur, le *Roué* (*a*) demandoit à Mr. *** *à combien se montoit la pension qu'il faisoit à son fils ?* Après avoir satisfait à cette question, Mr *** lui demanda également : comment il se conduisoit avec le sien. » J'ai dans mon cabinet, répondit le » Comte Jean, une armoire rem-

______

[*a*] Le *Roué* ou le *Comte Jean*, c'est synonyme.

„ plie d'or, dont j'ai une clef; le Vi-
„ comte en a une autre; nous prenons
„ fans compter ; elle ne défemplit
„ point; l'Abbé Terray fuffit à tout.

C'eſt ce même Vicomte qui , après
la mort du Roi, fit écrire une lettre
anonyme à fon pere, pour lui donner
avis que , fous 24 heures, il devoit être
arrêté & enfermé pour le reſte de ſes
jours. Le Comte Jean effrayé, part
ſur le champ & ſe réfugie en Allemagne. Son fils s'empare de tout, vend
une partie de ſes effets, garde ce qui
lui convient; c'étoit le motif de l'avis
donné à ſon pere. Le Gouvernement
ne s'occupoit pas de lui.

Quand la cabale de du Barry commença à inquiéter Mr.***, il tenta plufieurs moyens pour ſe défaire du Chef,
(c'eſt toujours le Comte Guillaume
qui parle , mais il ne perſuade pas
que des moyens auſſi bas, puſſent entrer dans un auſſi grand cœur) il lui
fit propoſer par des Gens dont il ne

se défioit pas, de s'intéresser à la réus-
site d'une affaire, pour le succès de
laquelle on lui promettoit trois ou
quatre mille louis. Le rendez-vous pour
la traiter, étoit au Gros-caillou. La
veille du jour convenu, le roué reçut
un avis ; on lui mandoit que cette entrevue étoit un piége qu'on lui tendoit, qu'en arrivant au Gros-caillou,
où il devroit se rendre à pied & sans
suite, il y auroit des gens apostés pour
le jetter dans la Seine. Le Comte ainsi
prevenu, ne sortit plus de chez lui,
défendit sa porte, de peur de quelque nouvelle trahison.

Les partisans étonnés de ne le plus
voir, volent chez lui, forcent la porte ; ils se trouvent dans l'appartement
le plus écarté de son hôtel ; étonnés
de cette solitude, il l'interrogent. A
peine a-t-il exposé le motif de sa re-
raite, qu'ils s'écriérent tous à la fois ;
» ah ! mon ami ; si Mr.*** vous eût fait
» noyer, l'affaire se seroit ébruitée ;

» votre belle sœur en larmes seroit tom-
» bée aux genoux du Roi , elle eût de-
» mandé justice , & son exil eût été la
» premiere grace ; le Roi attendri au-
» roit tout accordé ; & votre famille ,
» & vos amis étoient élevés pour ja-
» mais. Ah ! mon cher Comte , vous
» avez manqué une occasion unique ,
» que peut-être vous ne retrouverez
» plus. « .Malgré l'éloquence de ces
Messieurs , le Comte Jean ne put se
persuader.

M. Dubarry , me raconta des particularités sur la mort du Vicomte , que
je ne vous rendrai point ; tout le monde sait qu'il fut tué en Angleterre ,
par M. de Ris. Le Comte Guillaume
prétend qu'ils resterent enfermés tête-
à-tête , douze heures avant que de s'é-
gorger : c'est bien long pour se voir
mal finir. Il assure que le Vicomte ,
avoit emporté , lorsqu'il passa à Londres , pour 600000 francs d'argent ou
d'effets : il y fut peu de temps , & à sa

mort, on ne repréfenta que cinquante louis. Il ajouta après un grand foupir : que, fi quelque chofe pouvoit le con-foler de la mort de fon neveu, c'étoit la certitude où il étoit, qu'il fe feroit deshonoré. Il jouoit un jeu affreux ; il contractoit des dettes d'honneur, avec une facilité incroyable. » Quelque jour » difoit-il, il n'auroit pû les fatisfaire, » il auroit mal fini, la mort eft pré-» férable à cette ignominie. « Auriez vous cru que M. Dubarry pût encore en redouter ?

Le Comte de N** qui connoiffoit beaucoup les Dubarry, avant qu'ils fuffent connus, m'a raconté, il y a quelques jours, un bon mot du *Roué*, qui m'a paru impayable, en le rappro-chant de la conduite qu'il a tenue de-puis.

Le Comte Jean fut à Paris, il y a 25 à 26 ans, pour la premiere fois ; il n'é-toit jamais forti de fa Province & ré-fidoit dans une petite Ville du Languedoc, nommée Lévignac. Il y vivoit paisiblement avec sa femme & ses enfans, étant regardé dans son pays, comme bon Gentilhomme ; (a) mais jouissant d'une très-petite fortune. Il se trouva à l'Isle de N** (terre charmante, située près d'Auch ;) plusieurs Jeunes-gens de ce nom y étoient rassemblés, tous au service, tous s'occupant de leur avancement, & passant pour y réussir, une partie de l'année dans la Capitale. Un jour qu'ils s'entretenoient de leurs projets , „ Vous n'y entendez rien, „ dit le Comte Jean ; vous n'êtes pas „ intriguans ; si j'allois à la Cour, & „ que j'eusse de la valeur, je mourrois » Connétable. «

L'Abbé de N** avoit été , ainsi que les siens, également lié avec le Comte Jean. Quand ce dernier fut à Paris,

____

(a) Depuis j'ai appris qu'il avoit été inquieté pour le Franc-fief : on dit même qu'il a été obligé de le payer.

ils fe perdirent entiprement du vûe.
L'Abbé, Grand-Vicaire de l'Archevêque d'Alby, ne quittoit point la Province, tandis que l'autre travailloit à
acquérir la réputation dont il jouit aujourd'hui. Mais comme Madame Dubarry n'étoit point encore en faveur;
on ne parloit pas de lui dans les Provinces éloignées, & l'Abbé ignoroit
qu'il fût auffi mauvaife compagnie.

Quand l'Abbé fut nommé à l'Evêché de L**, il vint à Paris: un matin,
traverfant les Thuileries, l'Evêque rencontra le Comte fur la terraffe des
Feuillans; il fut à lui les bras ouverts,
avec cet air de plaifir qu'il eft naturel
d'avoir, quand on trouve un de fes anciens amis. Le Comte, fans s'arrêter,
lui dit : " Paffez, paffez, Mgr., fi l'on
„ vous voyoit avec moi, cela vous fe-
„ roit tort. "

L'Evêque étonné de cet accueil,
court bien vîte s'informer du mot de
l'énigme, qu'il n'avoit pu deviner

Quand il fut inſtruit, il ajoûta la reconnoiſſance aux ſentiments qu'il avoit
conſervé pour le prudent Comte.

Le Comte Jean, car on ne peut
târir à ſon ſujet, avoit eu une premiere femme, qui ſe rendit reſpecta-
ble par la conduite qu'elle tint avec
lui. Quand il eut fait fortune, elle refuſa obſtinément tous les ſecours qu'il
lui offrit, quoique ſouvent elle en eût
beſoin : elle répétoit à chaque occaſion, que ne pouvant approuver les
moyens qu'il avoit employé pour ſe la
procurer ; elle ne croyoit pas devoir
en profiter.

Après ſa mort, le Comte fut aſſez
heureux pour trouver une autre femme à Touloufe, où il demeure actuellement. Il épouſa il y a environ dix-
huit mois Mlle. de Montouſſain, jeune, charmante, & d'une bonne maiſon. Vous imaginez bien qu'elle n'étoit
pas riche ; en rentrant chez lui après
la cérémonie, il y trouva une Chanſon dont voici un couplet.

Air : *de la Marche des Mariages Samnites*

Montousſain , le matin
Etoit encore demoiſelle ;
Mais on dit qu'elle
Doit l'être encor demain :
Non qu'elle ſoit cruelle ;
Mais ſon Mari , dit-on ,
Veut la conſerver pucelle
Pour la vendre aux Treize-Cantons.

Le Comte aime beaucoup ſa femme , mais il la rend malheureuſe ; il
eſt jaloux. Un plaiſant me contoit
qu'il les avoit trouvés derniérement
tête-à-tête, Madame liſant tout haut
l'Imitation , par ordre de ſon pieux
époux. Mais c'eſt aſſez parler d'eux.
Adieu.

LETTRE IX.

La Même, au Même.

Barège le 15 Août.

LE calme renaît, la joie est dans Barège, le soleil s'est montré; depuis deux jours on en jouit. Félicitez-nous....... mais non ; vous ne pouvez apprécier l'étendue de ce plaisir ; il faut avoir été privé de ses rayons pour en sentir le prix.

Après avoir abandonné ma plume à la critique, n'est-il pas juste aujourd'hui que je la livre toute entiere à l'éloge de quelques personnes aimables qui habitent Barège ; & pour être entiérement juste, je dois placer la Comtesse de Beaufort à leur tête.

Cette femme charmante étoit il y a quelques années l'ornement de la Cour, à laquelle elle est toujours attachée ; elle fait aujourd'hui les délices de la petite société qu'elle a choisie. Sa santé est mauvaise ; malglé cela elle est aimable & gaie ; son esprit est orné & sans prétention, ce qui est rare parmi les femmes instruites. Elle aime les femmes, même celles qui sont jolies ; elle n'a jamais envié leurs charmes, ce qui est aussi rare que la modestie dont je viens de parler. Il est vrai que du côté des agrémens elle ne devoit rien avoir à desirer ; mais chez nous ce n'est pas toujours une raison pour tolérer & faire valoir les autres ; & c'est à quoi elle n'a jamais manqué.

Avec ce caractere, ces agrémens, & une grande fortune, la Comtesse devroit être heureuse ? Eh ! bien, elle ne l'est pas. Elle a passé ses beaux jours à se défendre contre son mari, qui, furieux d'être séparé d'elle, lui a intenté successivement dix-neuf procès, qu'elle a tous gagnés ; mais l'inquiétude & le chagrin qu'ils lui ont donné, ne peuvent se payer par un intérêt pécuniaire. C'est la premiere cause du délabrement de sa santé.

Cette belle Comtesse a une voix charmante. Hier, après avoir chanté quelques Ariettes, elle psalmodia deux anciennes chansons que je ne connoissois pas, & qui peut-être seront nouvelles pour vous.

Voici le sujet de la premiere : La Duchesse de M..... étoit belle, aimable ; mais elle n'avoit point d'esprit. Mgr. le Dauphin, pere du Roi, ne l'aimoit pas. Un jour où la Duchesse arriva à Versailles couverte de roses, Mgr. le Dauphin la trouvant trop grasse pour soutenir cette parure, passa dans son cabinet, & fit le Couplet suivant :

Air : *Des Folies d'Espagne.*

En vous voyant, on vous eût pris pour Flore,
Ou pour Hébé, charmante M.......
Mais le Dauphin eût dit : pauvre pécore !
Non, c'est Io broutant dans un jardin.

La Duchesse, qui n'avoit point lû la Fable, fut enchantée de cette Chanson ; elle la montroit à tout le monde, en répétant : Qu'il est aimable, Mgr le Dauphin ! Ah! c'est un charmant Prince ! Peut-on rien de plus galant que ce qu'il vient de faire ? Je savois bien qu'il étoit sans cesse occupé de moi.

La seconde est du Chevalier de Boufflers : elle est adressée à sa Sœur :

Air : *Des Champs Elysées.*

Vivons en famille ,
C'est le plaisir le plus doux
De tous :
Nous serons , ma fille ,
Heureux sans sortir de chez nous ;
Les honnêtes-gens
Du premier tems
Avoient d'assez bonnes mœurs ;
Ils offroient à leurs sœurs
Leurs cœurs :
Sur ce point-là nos Aïeux
N'étoient pas scrupuleux ;

Nous pouvons faire,
Ma chere,
Auſſi-bien qu'eux
Nos Neveux.

Parmi les gens qui ſont partis, (car la ſociété des Eaux eſt l'image de la circulation) je regrette le Marquis de Jourdan, ancien Préſident à Mortier du Parlement de D..... Il fut exilé avec ſa Compagnie, lors de la révolution Maupeou : il ſe retira auſſi-tôt après la rentrée.

M. de Jourdan, eſt un des hommes le plus aimable & le plus gai que j'aie jamais rencontré, malgré l'état cruel où il languit depuis ſa jeuneſſe. A quatorze ans il fut attaqué d'une goute vague qui n'a fait qu'augmenter juſqu'à quarante qu'il peut avoir à préſent. Il eſt ſéparé de ſa femme avec laquelle il n'a pû vivre, parce qu'elle avoit trop d'eſprit. Sûrs, tous deux de leur opinion, perſonne ne vouloit céder ; leur

querelle étoit la chofe la plus plaifante
pour un tiers. Quoique M. de Jourdan
fût riche, il ne l'étoit pas affez lors
de fon mariage , pour foutenir la maifon qu'elle vouloit avoir. Il lui fit, à
plufieurs reprifes, des répréfentations
qui furent mal accueillies : fatigué de
leur peu de fueccès, il la mena à la
campagne fans la confulter. Son projet étoit de l'y garder jufqu'à ce qu'elle
fût convertie, & pour y parvenir il
n'oublia point les fermons. Un jour,
auffi ennuyée de la captivité, que laffe
de remontrances, elle lui dit froidement : » Je démêle vos projets. Mr.,
» mais je m'en vengerai, & puifque
» je n'ai pas le choix, je vous pré-
» viens que je vous ferai des infidélités
» avec tous les Curés du voifinage. «
(M. de Jourdan fe fert en racontant
fon hiftoire , d'une expreffion plus
énergique a laquelle vous voudrez bien
fupléer & dont vous me permettrez
de vous faire grace.) Cette menace

ne l'effraya pas ; il la garda dans sa Terre. Comme elle ne prévoyoit pas la fin de cet esclavage , un matin elle prit son parti , & se réfugia chez sa mere ; ce fut l'instant de leur séparation , à laquelle ils travaillerent tous deux. Ils habitent la même Ville : à Paris , où ils vont souvent , leur société est commune ; malgré cela ils ne se rencontrent guères , parce qu'ils s'évitent. M. de Jourdan convient que sa femme est très-aimable , & que si elle appartenoit à un autre , il passeroit toutes les soirées chez elle ; étrange inconséquence ! Et que doit-on en conclure ?

Je ne dois pas oublier le Commandeur d'Offery : il est ici depuis quelques temps ; ce n'est point à-titre d'homme d'u jour que j'en ferai l'éloge. Il n'est plus jeune , mais il est gai , complaisant , & toutes ses actions sont marquées par un trait de bienfaisance.

Le hazard m'a procuré une Lettre

d'une Religieuse qui vous fera voir combien le défordre porté dans les têtes peut-être dangereux. Héloïse étoit bien plus fage, quand elle écrivoit à Abeillard ; qu'en lui feul réfidoit toute la fcience ; qu'elle n'en vouloit pas d'autre que celle de l'aimer, & de lui plaire. Celle-ci defcend d'une ancienne maifon de Bretagne, elle n'eut d'autre vocation que le dépit. Elle étoit née fenfible, elle aima ; elle fut trompée. (Et vous ne voulez pas que je dife du mal des hommes ?) Sa mere fit l'impoffible pour l'empêcher de prendre ce parti ; fes parens n'y confentirent que quand elle eût l'âge fixé par les loix. Mais la vocation paffa en prononçant les vœux ; ils furent fuivis de regrets ; elle eut la bonne foi d'en convenir ; fes efforts réunis avec ceux de fa famille, ne purent les faire rompre.

A ces maux s'en mêlérent d'autres : fa fenfibilité n'étant point épuifée , elle aima encore. Son Abbeſſe éprouva des ſentimens pareils pour le même homme : mon Héroïne plus jeune & plus jolie, eut la préférence. l'Abbeſſe furieuſe voulut s'en défaire. Elle n'y réuſſit pas, mais elle en fit une nouvelle victime du deſpotiſme des cloîtres.

Ce qui pourroit l'aider à ſupporter une exiſtence auſſi malheureuſe, ſeroit la certitude d'être aimée. La tendreſſe, la conſtance de l'Amant qui a cauſé ſes derniers malheurs , lui paroîtroient bien dûes : eh bien , il ne l'aime pas , il la trompe. Les difficultés , l'attrait qu'ont les hommes pour la nouveauté, parurent à M. de Mongobert , des raiſons ſuffiſantes pour entreprendre de la rendre encore plus malheureuſe, qu'elle n'étoit avant de le connoître. A-préſent qu'il a réuſſi, il n'eſt occupé que des moyens de rompre. Il convient qu'elle eſt jeune, jolie, aimable, qu'elle a de l'eſprit, beaucoup de

senfibilité ; mais il n'eft plus amoureux.
Les rifques qu'il court pour la voir,
lui paroiffent furpaffer de beaucoup
le plaifir de la retrouver ; enfin à la
premiere occafion, il mettra le comble à fon défefpoir. Infortunée ! vous
deviez connoître les hommes : le premier vous avoit trompée ; ils en font
prefque tous capables : c'eft une expérience que les femmes n'ont que trop
fait ; mais dans votre cloître, vous l'i-
gnorez ; & votre fin fera celle de vos
miferes.

Il me femble qu'une telle noirceur,
que rien ne peut juftifier, acquiert un
nouveau dégré par le caractère, l'âge,
& l'état de celui qui s'en eft rendu coupable. Un jeune Militaire, lèger par
état, eft bien moins dangereux ; d'ailleurs, fa réputation eft fouvent un pré-
fervatif ; mais un homme de robbe,
qui a paffé 40 ans, qui n'a rien de remarquable dans la figure ; que l'efprit,
les connoiffances & le bon fens ren-

dent recommandable, eſt capable de cette atrocité ! L'Oùrs le plus féroce des Pyrénées, n'eſt rien à mes yeux auprès de lui. La raiſon même auroit parlé en ſa faveur ; qui pouvoit garantir cette infortunée de ſes ſéductions ? Qu'il eſt heureux en pareil cas, de la trouver d'accord avec le cœur !

COPIE de la Lettre d'une Religieuſe, à M. de Mongobert.

» Je ne ſais pas ſi l'air de N… vous
» eſt bon, mon ami ; mais je ne ſais
» que trop qu'il ne m'eſt pas favora-
» ble. Vous êtes parti ſans que je vous
» aye vû ; & je ſuis encore à entendre
» parler de vous ; au-reſte vous avez
» bien fait de ne pas vous contraindre ;
» ce qui vous ſera agréable ne ſera ja-
» mais condamné de ma raiſon, quoi-
» cela ſoit contraire à ce que mon
» cœur deſire.

» Etes-vous en bonne ſanté ? Partez-
» vous pour Paris ? Aurez-vous la

„ complaisance de me répondre ? J'ai
„ enfin lu vos Philosophes ; (Locke &
„ Malbranche) dois-je vous dire ce
„ que j'en pense ? Car il me souvient
„ d'avoir été grondée pour M. de Buf-
„ fon.

 „ Je vous soupçonne de la méfiance
„ avec moi ; permettez que je vous le
„ dise , & je crois n'en pouvoir douter.
„ J'ai de la peine à croire que vous ad-
„ mettez la Métaphysique de Mal-
„ branche , qui est sans contredit la
„ plus conforme à la Religion , . . . mais
„ quel Dieu ! qui n'a eu en vue que
„ la gloire de son Verbe , aux dépens
„ du malheur éternel des millions d'ê-
„ tres qu'il ne pouvoit s'empêcher de
„ créer ! Et qu'est-ce que son Verbe ?
„ c'est sa volonté ! (a) J'aime Mal-

(a) Malbranche voyant dans les souffrances une Vache qui avoit de la peine à mettre
bas son Veau , demandoit si la premiere de
son espece avoit mangé du foin défendu ?

,, branche Philosophe ; mais le Méta-
,, physicien me met en colère.

,, L'ame qui n'est point matière , &
,, & qui seule produit tous les phéno-
,, menes de la matière , puisque rien
,, de ce que nous voyons n'existe ; en
,, elle seule résident les couleurs, les
,, odeurs , les saveurs & les sons ; il
,, n'y a rien de réel que le monde in-
,, telligible ; ce n'est que la Religion
,, qui puisse nous assurer l'existence de
,, la Nature , &c. &c. Nous voyons
,, tout en Dieu , & quand nous pre-
,, nons des plaisirs défendus , nous le
,, forçons de nous donner des sensations
,, agréables : il ne peut se venger de
,, nous que dans l'autre monde.

,, Tout cela, en raison des loix qu'il
,, a établies entre l'ame & le corps.
,, Dieu qui a créé la matière, n'a donc
,, pu la rendre plus parfaite ? Si sa toute
,, puissance a échoué dans son œuvre,
,, doit-il nous en punir ? Il a créé éga-
,, lement les intelligences qui existent

,, fans corps. Il a créé nos ames : que
,, ne les laiſſoit-il ſans étuis ? Pourquoi
,, les unir à une matière imparfaite,
,, qui devoit leur procurer des malheurs
,, éternels ? Mais que dis-je ? Les Intel-
,, ligences même ont failli ; elles ont
,, encouru la vengeance Divine.

,, Que ne ſuis-je plante ou brute,
,, s'il faut croire toutes ces extravagan-
,, ces ? Quel eſt l'homme qui ne doit
,, pas maudire ſon être, s'il eſt bien
,, perſuadé des vérités de cette Reli-
,, gion ?

,, Ce Verbe incarné par qui ſeul nous
,, oſons lever la paupiere, n'eſt venu
,, que pour un petit nombre ; *ô altitudo !*
,, Je vous le demande, cher ami, ſi
,, jamais les hommes avoient le mal-
,, heur d'être bien perſuadés de tout
,, ce qu'il faudroit croire, quels ſe-
,, roient les époux qui voudroient en-
,, gendrer des infortunés, pour être la
,, proie des démons ? Combien d'en-
,, fans perdent la vie dans le ſein de leurs

» meres, & combien plus dans le tra-
» vail laborieux qui les donne à la So-
» ciété ? Cette ame qui ne se connoît
» pas dans un âge avancé, jouit de
» toutes les sensations de sa mere, &
» dans l'acte du Baptême est capable
» d'un retour vers Dieu..... De quoi
» l'esprit de l'homme n'est-il pas ca-
» pable

De quoi celui d'une femme n'est-
il pas susceptible, quand il se mêle de
discuter des matieres aussi sublimes ?
Il ne seroit pas difficile de prouver le
peu de solidité des argumens que cette
Religieuse avance ; mais je me suis
promis de ne jamais toucher à des principes que tout bon citoyen doit respec-
ter, & sur lesquels, sans doute, je fini-
rois aussi par errer pour le peu que je
m'y étendisse.

Je conserve l'original de cette Lettre, que je transcris mot à mot, telle
qu'elle m'a été donnée par M. de Montgobert, à qui elle a été écrite. Comme

je ne connoîtrai jamais la femme qui en eſt l'auteur, il m'a lui-même appris cette hiſtoire. Par-là qu'il mérite de reproches! Jugez ſi je les lui ai épargnés. Si le fait étoit public, M. de Montgobert devroit être banni de la ſociété : mais il n'y a point de police. Il exiſte un Code contre les voleurs; en fera-t-on jamais un contre les ſcélérats ? Je le rédigerois de tout mon cœur. En attendant, je reçois le coupable tous les jours, parce que ſon eſprit m'amuſe, & que ſes connoiſſances m'inſtruiſent. O femmes ! quand ſerezvous donc conſéquentes ? J'entends d'ici plus d'un homme qui ſe croit docteur, me répondre : jamais. S'il étoit honnête de diſputer avec ces Meſſieurs, je dirois que c'eſt l'être beaucoup, d'être à vous pour jamais.

LETTRE XI.

De la Même, au Même.

Barège, le 20 Août.

LES plaisirs renaissent à Barège. Nous fûmes dîner hier à St. Sauveur, autres Eaux minérales qui se trouvent à une lieue & demie d'ici. Elles sont beaucoup moins fortes, & ont une grande réputation pour les maladies de nerfs.

La position de Saint-Sauveur est riante. Il domine sur la plaine de Luce, qui est fertile & bien cultivée. Les montagnes sont couvertes de prairies charmantes. On y voit des arbres: la Nature semble s'y débrouiller; elle efface l'idée du cahos que Barège rappelle sans cesse, & l'on se croit au premier âge du monde.

Cette partie fut gaie, la raison en

t fimple. Sur vingt perfonnes, il n'y
oit que cinq femmes. Oui, Mef-
urs, vous pouvez triompher, on
fauroit fe paffer de vous, & je crains
en que ce malheur ne dure encore
ng-temps.

On nous fervit un dîner excellent ;
ace aux Cuifiniers des hommes de
tre fociété que l'on y avoit en-
yés. En général les vivres qu'on trou-
e à Barège , font médiocres. Les
œufs fervants à la charue, on y man-
e de mauvaifes vaches les jours de
randes fêtes, & ordinairement des
eaux durs & maigres ; car alors ils
uchent à l'époque de leur vie, où
s doivent changer de nom. Le mou-
on eft meilleur.

Le pays étant froid & tardif, le pe-
it gibier y eft encore rare. Les per-
reaux différent des nôtres par le plu-
nage. L'été ils font gris & blancs, mais
e froid efface cette premiere couleur
ui reparoît au printems: l'hiver il

font entiérement blancs. C'eſt cette
eſpéce que M. de Buffon nomme *Sa-
gopèdes* : elle ne ſe trouve que ſur les
montagnes.

On mange beaucoup de chamois,
que, dans le pays, on nomme yſards.
Les Montagnards les prennent en naiſ-
fant, & les font élever par des chèvres.
L'yſard reſſemble à nos chévreuils ; il dif-
fére plus au goût. Ce que l'on mange ici
d'excellent, ce font des oies : la réputation de leurs cuiſſes depuis long-tems
court le monde. La volaille qu'on apporte ne vaut rien ; mais il ne faut
pas en conclure que toute celle de Gaſcogne lui reſſemble. Les légumes & les
fruits venant de loin, ne ſont pas frais :
j'en excepte les fraiſes qui ſe trouvent
ſur les montagnes. Elles font très-com-
munes ici juſqu'aux grandes neiges. Depuis le 10 de Juillet nous avons des
pêches d'une groſſeur prodigieuſe,
qu'on apporte de Pau ; elles font preſque toutes jaunes. On les diſtingue par

âles & femelles ; les premieres font
ires & coriaces, & reſſemblent à ce
ſe nous appellons pavis.

Nous vîmes à Saint - Sauveur une
mme qui, dans une querelle qu'elle
ſt il y a quelques années avec un
bbé, en reçut une leçon bien pi-
ſante. L'impertinence & le mauvais
ſn attirent ſouvent à leur auteur de
ſmblables corrections. Voici le fait.

Cette femme eſt née Demoiſelle :
le n'étoit pas riche, & ſes parens lui
rent épouſer le Directeur des Fermes
ſ Touloufe. La direction de la Poſte
ıx Lettres vint à vâquer ; elle étoit
rotégêe, on la lui accorda. Alors
le étoit jeune & jolie : ce tems heu-
ſux paſſa ; il ne dure pas toujours ;
ſais les prétentions reſterent : c'eſt
ſez l'ordinaire.

Un jour de fête elle fut à la meſſe
u au ſermon, cela eſt égal à la choſe ;
e qui ne l'eſt pas, c'eſt la peine
u'elle eut à ſe placer. L'Egliſe étoit

remplie ; point de chaiſe : elle étoit
condamnée à reſter debout. La péni-
tence étoit rude. Un Abbé qui ſe trouva près d'elle en eut pitié : il lui offrit
ſon ſiége. Sans lui répondre , ſans le
remercier, elle ſe l'appropria. L'Abbé
mécontent, ne dit mot ; mais il guetta
l'inſtant où cette femme en ſe levant laiſ-
ſoit la chaiſe vacante , il la reprit doucement , & la plaça devant lui. La
Dame Toulouſaine piquée à ſon tour,
mais moins modérée que l'Abbé , l'a-
poſtropha en termes injurieux ſur un
procédé auſſi peu uſité. D'abord il
feignit de ne point l'entendre ; mais
pouſſé à bout par ſes propos, & ne
pouvant ſupporter ce dernier : --- vous
êtes un impertinent qui ne me con-
noiſſez pas ; ſûrement vous ignorez qui
je ſuis ? --- Non, Madame, répondit
froidement l'Abbé, je ſais qui vous
êtes , & je vous connois pour la plus
méchante haridelle que le Roi ait dans
ſes poſtes.

Hier

Hier, il y eut ici un petit événement. La Comtesse de Beaufort, dont je vous ai déjà parlé, a amené avec elle un vieux Chevalier de la Riviere, qui lui sert de complaisant. Cet homme est de Gascogne ; c'est aussi la patrie de la Comtesse : il prit ce texte pour implorer ses bontés, quand il arriva à Paris il y a quelques mois. La belle Comtesse ne connoissoit que son nom ; mais il étoit malheureux, & elle s'y intéressa. Elle partit pour ses terres ; il la suivit ; pendant la route, il se rendit utile. Elle ne resta chez elle que quelques jours : elle alloit à Barège, le Chevalier étoit rongé de rhumatismes ; elle lui proposa de l'accompagner. Trop heureux de trouver un asyle, il l'accepta. Hier matin il donnoit le bras à sa protectrice, quand sans égards pour la circonstance, un Huissier peu civil, soutenu de deux Cavaliers de Maréchaussée, lui mit la main sur le collet, & l'arrêta pour d'anciennes lettres de change qui avoient été proteftées.

Les nerfs de la Comteffe étoient trop foibles pour foutenir un fpectacle fi nouveau pour elle ; ils fe briferent ; fon eftomac fe gonfla ; elle entra mourante dans la boutique d'un Libraire. Elle me fit prier de paffer ; j'y courus ; j'y trouvai plufieurs perfonnes qui m'apprirent ce qui venoit d'arriver. Nous réfléchîmes fur le parti qu'il falloit prendre : le feul efficace, étoit de payer ; Madame de Beaufort ne s'en foucioit pas, elle craignoit les fuites ; cela pouvoit fervir d'appât aux autres créanciers.

De retour chez elle, on fit venir le prifonnier, fur la foi d'un répondant. Interrogé fur fes affaires, il affura n'avoir point d'autres dettes. D'après fa parole, on manda la cohorte, dont on examina les droits. Ils étoient en règle. Il fallut 1500 liv. pour les congédier : mais la Comteffe ne s'en fépara qu'après avoir reproché à l'Huiffier l'irrégularité de fon procédé. [Elle étoit toujours mourante ; à peine pouvoit-elle parler.]

De plufieurs hommes de notre fociété qui étoient, ainfi que moi, témoins de cette derniere fcène, il y en eut un qui voulut fortir : la languiffante Comteffe, qui n'avoit point quitté fa chaife longue, le rappella d'une voix éteinte. Il fe crut néceffaire & revint. Monfieur, lui dit la Comteffe en interrompant fes reproches à l'Huiffier, favez-vous la jolie Chanfon du Duc de Nivernois ? *D'aimer jamais fi je fais la folie...* — Non, Madame. — Eh ! bien, je vais vous la chanter. Effectivement, elle la chanta.

Nos Alguazils plus curieux d'argent que de mufique, prirent ce moment pour faire leur retraite : ce fut la fin de cette hiftoire ; mais elle en rappella d'autres.

On fut que le Chevalier de la Riviere étoit un Chevalier d'induftrie, joueur de profeſſion, & joueur adroit, malgré le mauvais état de ſes affaires: [rarement ces Meſſieurs proſperent] il avoit été renvoyé d'ici il y a quelques années ; ce qui lui ſeroit encore arrivé, s'il fût venu ſeul ou avec des gens de ſa ſorte: mais la protection de la Comteſſe, ſous laquelle il s'eſt montré, l'a ſauvé de ce nouvel affront. Il y a des gens qui croient que n'ayant pas d'autre maniere de payer ſes dettes, pour leſquelles il étoit fort tourmenté, que c'eſt lui qui a conſeillé à ſes créanciers de profiter de cette occaſion où la Comteſſe ne pourroit lui refuſer ſes bontés : ce qu'il y a de plaiſant, c'eſt qu'elle eſt la ſeule actuellement à Barège qui ne connoiſſe point ſon Chevalier.

Avouez que la Chanſon du Duc de Nivernois eſt venue bien à propos. L'eſprit ne ſera donc jamais une excluſion à la légéreté? Je m'en affligerois peu, ſi vous m'aſſuriez qu'il n'en ſera jamais une à la tendre & conftante amitié. Adieu.

***

LETTRE XII.

La Même, au Même.

Barège le 23 Août.

QUOI! le bonheur n'eft qu'une chiméré ? Cependant je croyois à fa réalité. Occupée d'un départ prochain, du plaifir de me trouver entourée d'un mari, d'une famille, de mes amis, dont mon éloignement fait le tourment, je craignois la femaine derniere que ma vie ne foit trop courte pour jouir des delices que me promettoit cette réunion. Hélas ! je m'en vantois. Aujourd'hui, aujourd'hui je n'efpére plus rien... Peut-être.... Oh ! mes amis, ne vous reverrai-je jamais ?

Dimanche 22 , ma fille, ma chere Henriette ne dîne pas ; depuis le matin elle souffroit, mais elle n'ofoit le dire, de peur de m'inquieter. La douleur lui arracha fon fecret. La fiévre qu'elle avoit eu tout le jour, ne fit que croître jufqu'au lendemain. J'interrogeai les Médecins fur ce que je devois craindre ; ils m'avouerent que c'étoit la petite vérole.

Vous n'aurez jamais une jufte idée de mon tourment ! En un coup d'œil je vis ma pofition. Seule au bout de l'univers , fans fecours, fans pouvoir en attendre, tremblante pour la vie d'un enfant charmant, adoré par moi, par ma famille ; non, ma fituation ne fe conçoit pas. Je paffai une nuit horrible. Mardi matin , la fiévre étoit moins forte ; l'après-midi fût auffi plus tranquille. Je refpirai, j'en avois befoin. Vingt-quatre heures d'inquiétude extrême avoient détruit l'effet d'une faifon de bains.

Je ne croyois plus à la petite vérole, quand le Médecin entra. Il étoit alors huit heures, J'étois affife fur le lit de ma fille, lui tenanant une main, & me propofant de partir pour Bagnères, auffi-tôt que fa fanté me le permettroit, étant preffée de quitter ce climat froid & fouvent pluvieux, auquel j'attribuois fa maladie. Le Médecin prit une bougie, à peine l'eût-il approché de fon vifage qu'il me fit remarquer des boutons qui commençoient à paroître. Ah ! Dieu, feroit-ce la petite vérole ? Je ne pus en dire davantage. Les larmes me fuffoquoient. L'Evéque de L..... dont l'amitié m'eût été d'un grand fecours, s'il n'eût pas été forcé de partir le matin, m'emmena chez lui. Là ma douleur éclata; la nature ne perd rien de fes droits. M. de L..... me fit fentir l'utilité dont j'étois à ma fille, conféquemment la néceffité de me calmer & de me ménager. Je rappellai ma raifon : que cet effort fut pénible ! Il eſt donc des cas où l'on deſire de ſe livrer à ſon déſeſpoir, & où la contrainte eſt plus horrible que le déſeſpoir même ?

Je paſſai la nuit auprès de ce cher & intéreſſant objet. J'eſſayai de dormir, mais quel ſommeil ! Dix fois je ſortis avec précipitation de mon lit & ne me réveillai que près du ſien, la ſerrant dans mes bras, la couvrant de larmes & de baiſers. Ce matin elle eſt ſans fiévre, l'éruption ſe fait ; puiſſe ce mieux ſe ſoutenir !

LETTRE XIII.

La Même, au Même.

Barège le 26 Août.

L'ERUPTION continue, on m'aſſure que cette petite vérole ſera diſcrete. Mon Dieu ! Si cela étoit, que je ſerois heureuſe. Oh ! Quel effroi, cetce maladie à causé dans Barège! Au moment où elle fut déclarée, la Comtesse de Beaufort, monta chez moi pour savoir des nouvelles de la petite malade. J'étois alors chez l'Evêque ; elle voulut approcher de son lit : Henriette lui cria, n'approchez pas, Madame, n'approchez pas : elle comprit ce que cela vouloit dire, & se sauva. Son Chevalier vient tous les jours savoir des nouvelles à travers les fénêtres ; encore s'il suivoit ses ordres, il ne viendroit pas jusque là ; à une certaine distance il devroit s'arrêter & charger une troisieme personne de me remettre tantôt un flacon de vinaigre, une autre fois des citrons garnis de cloux de giroffle, & plusieurs autres préservatifs qu'elle a la bonté de m'envoyer : ses gens même n'ont pas la permission de passer devant ma porte.

Une vieille Religieuse, sœur de l'Evêque de ** qui logeoit au-dessous de moi, s'est relevée & a été chercher

un appartement à l'autre bout du village. La Comtesse de Persin (*a*) est
partie le lendemain au point du jour.
Une vieille Présidente de Bordeaux,
qui étoit logée à trois ou quatre portes de moi, a fait comme la Religieuse. Vous remarquerez qu'il y avoit
chez elle, trois enfans du pays, qui
étoient à la derniere époque de cette
maladie.

[*a*] La Comtesse de Persin ayant perdu
son mari à l'armée, fut à Versailles pour sol-
liciter une pension : Louis XV la vit & la
trouva charmante. Madame de Pompadour
le sut & l'envoya chercher le lendemain :
elle lui demanda le sujet de son voyage, lui
promit de lui faire avoir plus qu'elle ne
demandoit, pourvu qu'elle ne parût plus
à la Cour. La Comtesse partit, & la Mar-
quise tint parole.

LETTRE XIV.

La Même, au Même.

Barège le 28 Août.

QUE votre amitié pour moi vous rendroit fenfible à ma pofition ! Mais vous ne la connoîtrez que quand elle ne pourra plus vous inquieter. A tant de peines dont je vous épargne les détails, fe joint encore l'abandon de tout l'Univers. L'Evêque de L.. me manque : que l'amitié eft précieufe, fur-tout quand on n'eft point heureux! Il a emmené avec lui un de fes Neveux, dont le fort devroit fervir d'exemple aux Jeunes-Gens: mais rarement les hommes profitent des fautes des autres; le tems & l'expérience feuls les corrigent. A feize ans il entra dans le monde : il n'avoit d'autre règle que fes

G vj

volontés. Il venoit de perdre l'auteur de ſes jours ; ſes biens avoient à-peine ſuffi pour payer les dettes qu'il avoit laiſſé ; le Baron de Villefier jouiſſoit cependant de quinze à vingt mille livres de rentes, du bien de ſa mere. Il joua d'abord très-gros jeu ; il fut heureux, ce qui le ſoutint pendant quelque tems. La fortune changea : les femmes acheverent ſa ruine. En un hyver il mangea 40 mille écus. A ſa majorité, ſes créanciers le tourmenterent. Il ratifia ſes engagements. Juſques-là, il ne s'étoit point aviſé de calculer : ſa poſition le fit trembler. Il vit qu'il ne pouvoit ſans honte continuer un genre de vie, qu'avec de l'intrigue il auroit pu prolonger. Il vendit l'emploi qu'il avoit dans le Régiment des Gardes, ainſi que tous ſes biens, qui ſervirent à-peine à liquider ſes dettes. Sans fortune, ſans état, avec une ſanté délabrée il eſt venu ſe réfugier près de ſon oncle, dont les bontés pour sa famille sont pouſſées trop loin, puiſqu'elle en abuſe.

L'Evêque me contoit dans l'amertume de ſon ame, que depuis huit ans, avec un Evêché de 70 mille livres de rentes, dans un pays où il ne peut en manger douze, il n'avoit point encore pu aller à Paris, faute d'argent. Le Marquis de Villefier ſe ruine : il eſt l'aîné du Baron, & ſon oncle croit devoir le ſoutenir à tel prix que ce ſoit. Cela ſeroit bien fait ſi il en étoit digne ; mais liſez, & jugez le.

Avec une fortune égale à celle de ſon frere, il a les mêmes paſſions ; il y ajoûte celle des chevaux, & un train de maiſon que le revenu de l'Evêché ne peut ſoutenir : auſſi l'abſorbe-t-il malgré ſes dettes qui ſont énormes & bien au-delà de ſa fortune. L'année derniere il vint dans ſes Terres, qui ſont peu éloignées de L.... ; là il manda à ſon oncle, qu'il comptoit aller paſſer l'hyver avec lui, & qu'il arriveroit inceſſamment. L'Evêque répondit qu'il ſeroit enchanté de le recevoir ; mais qu'il avoit une grace à lui demander, qui ſeroit de ne point lui amener ſes chevaux, ni une auſſi grande quantité de valets ; que ce train n'étoit pas dans ſon goût, & que d'ailleurs il ne ſeroit pas décent qu'il eût l'air de l'autoriſer dans le dérangement de ſes affaires. Il répondit à cette priere :

„ Je ſuis fâché, mon cher oncle, „ que nous n'ayons pas les mêmes „ goûts ; mais je tiens aux miens, & „ n'ai point envie d'en changer. Si vous „ êtes attaché aux vôtres, & que vous „ perſiſtiez à ne vouloir ni de mes „ Gens, ni de mes Chevaux, j'irai tou- „ jours à L.... ; mais je m'établirai à „ l'auberge.

L'Evêque eut la bonté de tout re- cevoir, pendant ſix mois ; il le défraya, & fut encore obligé au bout de ce tems, de payer des dettes aſſez con- ſidérables, que le Marquis y avoit faites. Il se permit à ce sujet de lui faire quelques remontrances: celui-ci l'interrompit, ennuyé de l'exorde, pour lui dire :„ Mon cher Oncle, je „ n'ai qu'un regret, c'est de n'avoir pas „ des millions pour voir combien il „ seroit possible d'en manger par heure.

LETTRE XV.

La Même, au Même.

Barège le 30 Août.

TOUTES mes inquiétudes sont entiérement dissipées : ma fille est bien portante : il est même sûr qu'elle ne sera point marquée. Ce visage que j'aurois abandonné au commencement de la maladie, pour sauver le reste, étoit depuis quelques jours l'objet de mes frayeurs. Des desirs, des craintes, des espérances de loin en loin, quelques jouissances : c'est le tableau de la vie.

La petite malade chante, elle se regarde au miroir ; elle se trouve laide, mais elle a le bon esprit d'en rire. Je lui ai fait à ce sujet un calcul à-peu-près juste sur le peu de tems dont une femme jouissoit de sa jolie figure.

A quinze ans seulement on en sent le prix ; on n'est jolie que jusqu'à vingt-cinq : de ces dix ans, on en donne près de moitié au sommeil, restent cinq ans de jouissance. Mais si de ces cinq ans on en passe une partie seule, il en reste bien peu pour l'amour-propre ; encore tout n'est-il pas plaisir : des rivales, il s'en rencontre, & si l'on n'a pas le bon esprit de les voir sans jalousie, l'orgueil par fois humilié cause plus de peines que les hommages ne donnent de plaisir.

Ce raisonnement a dû lui paroître bien difficile à croire : aussi ne me flatai-je pas de l'avoir persuadée.

Il ne nous manquoit plus pour nous attrister, que le spectacle que nous eumes hier. Un Officier jeune encore, s'étoit fait traîner ici depuis quelques jours ; il étoit trop mal pour que le Médecin lui conseillât des remèdes : il vient de succomber à ses maux. Comme l'Eglise est près de moi, je n'ai rien perdu des chants funèbres. Ces accens qui, dans tous les lieux du monde, affectent l'homme en lui rappellant sa fin, retentissent encore d'une maniere plus sinistre pour les personnes privées de leur santé, & l'on n'en voit point d'autres à Barège.

L'on m'a défendu de continuer l'usage des bains. Le tourment que m'a causé la maladie de ma fille, m'a tellement agité le sang, que je ne puis plus dormir. Ainsi, jusqu'à mon départ, je ne prendrai plus que des douches. Que n'est-il fixé à demain ! Qui mieux que vous peut apprécier l'étendue de ce souhait ?

LETTRE XVI.

La Même, au Même.

Barège le 2 Septembre.

PARMI les Buveurs d'eau, il y en a toujours quelques-uns qui servent au divertissement des autres ; de ce nombre est une Madame de Poisious, qui, quoique fort laide, rassemble toutes les prétentions ; elle a même celle de passer pour une femme de qualité. Pour y faire croire, elle n'emploie d'autre moyen que de parler d'elle sans cesse, & de débiter sur sa naissance des histoires aussi peu vraies que vraisemblables, & que sa femme-de-chambre détruit, quand par hazard, sa Maîtresse les débite devant elle : ce qui donne lieu à des scènes fort plaisantes.

On l'accuſe de n'avoir pas vu l'Evêque de L..... avec des yeux indiffé-
rens, & de s'y être priſe avec auſſi
peu d'adreſſe dans les avances qu'elle lui
a faites, que dans le reſte de ſa conduite. En voici une preuve.

Le jour où il arriva, elle lui dit pluſieurs fois : Monſeigneur, mon lit eſt
au-deſſous du vôtre, & quand vous
ferez couché, ſi vous remuez fort, je
vous avertis que vous y tomberez.
Cette plaiſanterie, qui eût été dépla-
cée par-tout vis-à-vis d'un homme
qu'on voit pour la premiere fois, l'étoit
encore davantage en l'adreſſant à un
Evêque, & par le lieu où elle la répéta. C'étoit chez le Marquis de * * *,
que l'Evêque ne connoiſſoit point ; auſſi
s'en trouva-t-il piqué, & malgré ſon
honnêteté, il lui répondit : » Vous m'a-
vez averti, Madame, une fois ſuffi-
ſoit, & vous pouvez compter ſur ma
diſcrétion : je vous promets de prendre toutes les précautions poſſibles pour
éviter ce malheur. «

La critique mene plus loin qu'on ne penſe ; elle me conduit tout naturellement à parler du Comte de Mauvillain. Les airs qu'il affecte le rendent ſi ridicule, qu'il faut bien vous en entretenir auſſi.

A vingt-deux ans, avec de l'eſprit, M. de Mauvillain eſt inſupportable dans la ſociété ; il y affiche tous les vices dont on devroit avoir honte : peut-être n'en a-t-il aucun ; mais en revanche, il a bien des défauts. Elevé dans les terres de ſon pere, qui, comme la plupart des Campagnards, eſt infatué de ſa nobleſſe, il y a puiſé dès principes d'orgueil qui ſe ſont encore accrûs dans un Collége de province, où l'on avoit pour ſon nom des égards qu'il croyoit dûs à ſa perſonne.

Quand le Comte de Mauvillain arriva à Barège, il n'y avoit point de gens titrés ; il ne fit de viſites à perſonne, pas même aux Militaires ; il en reçut qu'il ne rendit point. Il me

traita avec plus de bonté : des gens
prévenus lui avoient dit du bien de
moi. Dans son désœuvrement il les
crut ; je le voyois tous les jours, j'eus
le temps de le connoître , il n'y gagna
pas , peut-être en dit-il autant de moi.

Il fut à Paris l'hiver dernier pour
la premiere fois ; depuis il ne parle
que de ses goûts, de ses bonnes fortunes, de ses sociétés & de son jeu.
Je sais que quand il pontoit un louis
au trente & quarante , ou au Pharaon ,
il le retournoit une demie heure dans
ses doigts avant d'oser le risquer. Cette
réserve le rendroit estimable , s'il ne
rougissoit pas de le paroître ; mais
c'est le ton du siécle : si l'on y trouve peu de sages , on en trouve moins
encore qui osent le paroître : l'estime
est passée de mode, & l'honneur qui
s'avise d'y prétendre avant trente ou
quarante ans , se donne parmi ses con-
temporains un ridicule dont il est sans
cesse plaisanté. La galanterie a pris la

place de l'amour, voilà la caufe de cette erreur. Les femmes feules pouroient la détruire. Mais la contagion eft générale. Il faut avant qu'elles fe réforment. Alors pour leur plaire, les hommes prendront leurs ufages ; la fo-fociété y gagnera : les plaifirs de fociété feront moins vifs, j'en conviens ; mais auffi les jouiffances deviendront dura-bles ; & quoi qu'on en penfe, la douce réalité vaut bien la brillante chimére.

Un trait caractériftique de M. de Mauvillain, eft d'avoir l'air d'être dé-firé par les femmes, & de ne répon-dre à leur empreffement, que par complaifance. Il fe trouva chez moi un jour au moment de la promenade ; je la lui propofai, ainfi qu'à d'autres perfonnes : il héfita, mais il finit par accepter, en répétant plufieurs fois, que Madame de Beaudecourt ne fau-roit que devenir, qu'il lui donnoit le bras tous les jours, & que quand il n'étoit point arrivé à l'heure conve-

rue, fon laquais le cherchoit de porte en porte. Nous l'engageâmes à fe
rendre où il étoit attendu ; comme il
favoit à quoi s'en tenir fur ces préten-
dues faveurs, il en fit le facrifice, mais
non fans le faire valoir.

Après un quart-d'heure de marche,
quelqu'un apperçut Madame de Baudecourt avec un Abbé qui, à ce que j'ai
appris depuis, lui plaifoit beaucoup
plus que M. de Mauvillain. Nous le
plaifantâmes. Il effaya de nous faire
prendre le change en prêtant à Madame
Beaudecourt une adreffe à laquelle elle
ne prétendoit pas. Il ne perfuada perfonne.

Deux jours après je me trouvai avec
cette femme, dans une maifon où il
arriva ; il fe plaignit de fa fanté, & de
la fatigue des remedes. De la maniere
dont vous les faites, dit Madame de
Baudecourt, ils doivent vous être contraires ; vous paffez une partie des nuits,
cela vous échauffe horriblement ; &

vous, Madame, me dit-elle en riant,
qui êtes cause de ce désordre, comment arrangez-vous cela avec vos
eaux? -- J'ignore, Madame, le genre
de vie de Monsieur, & je ne sais pourquoi vous m'en rendez responsable. --
Pourquoi? Mais c'est vous qui le faites
veiller, & vous ne voulez pas qu'on
vous accuse? (tout cela se disoit en
riant) (*avec surprise*) -- Moi je fais veiller Monsieur; à neuf heures je me bai-
gne, à dix je suis au lit & ma porte
est fermée: peut-être Monsieur a-t-il
pris les manieres de nos voisins, (*a*) &
rode-t-il comme eux sous mes fénêtres,
ce que je ne crois pas, à moins que
par attention pour mon repos, il ne
supprime la guittare. Je vous jure que
sans cela, je ne lui coûte pas un quart
d'heure de sommeil. -- Monsieur me
disoit encore ce matin, qu'envain il

(*a*) Les Espagnols.

vous demandoit grace ; & quand le foir, il n'étoit pas chez vous, on venoit dix fois de votre part luï dire qu'on l'at-tendoit pour commencer une partie, & qu'ennuyé de cette perfécution qui troubloit également fon fommeil, il finiffoit par s'y rendre pour en être dé-livré. «

Pendant ce dialogue, M. de N... ne difoit mot ; il s'efforçoit de fourire, mais de fi mauvaife grace qu'on ne pou-voit s'y tromper. Son embarras étoit vifible : je le regardai fixement, & en partant d'un éclat de rire, je lui dis : ,, Monfieur, cette hiftoire vaut bien ,, celle de la promenade. " Il fe décon-certa entiérement : je la contai, j'ap-puyai fortement, & même avec viva-cité fur le danger de fon caractère ; je fis naître des doutes affez piquants fur la réalité de fes bonnes fortunes, puifqu'il étoit obligé d'en fuppofer fans ceffe.

Mais cette lettre eft bien longue pour n'y traiter que des fujets indifférents. Si j'en croyois mon cœur, vous n'y trouveriez que l'expreffion de l'amitié : le vôtre s'arrangeroit-il de cette monotonie ? Adieu.

LETTRE XVI.

La Même , au Même.

Barège , le 4 Septembre.

ENFIN je pars mercredi 8, pour Bagneres. Je compte m'y rendre en chaife à porteurs, afin de voir la belle vallée de Campan, ou l'on ne peut arriver de ce côté, qu'en traverfant trois ou quatre lieues de montagnes ; il n'y a point de chemin pratiqué pour les voitures. J'évitai cette courfe à ma fille , en l'envoyant à Tarbes, où elle féjourna. Le 8, je la reprendrai pour aller coucher à Auch. Comme le chemin de la montagne n'eft ni beau, ni fûr, je me fuis arrangée de maniere à n'être pas seule en route : des hommes aimables qui vont s'établir à Bagneres, me serviront d'escorte.

Je meurs d'envie de vous conter une avanture d'hier ; mais elle est si sâle, que je ne sais par où m'y prendre ; n'importe, je vais tâcher de commencer. Si je ne puis m'en tirer, j'imiterai le Héros que je vais chanter : j'attendrai qu'on vienne me relever.

M... est arrivé à Barège dans un cruel état, martyr de la fistule dont il a souffert plusieurs fois l'opération. Il lui est resté dans cette partie une si grande faibesse, que pour ne pas troubler le repos de la société, il est obligé de faire de fréquentes absences. Malgré cet etat piteux, il s'avisa de suivre à cheval quelques personnes qui alloient coucher à Cotret, [a] pour revenir ici

____

[a] Autres Eaux minérales qui se trouvent dans les Pyrénées.

le lendemain. Dans cette journée, il mit 27 fois pied à terre, il n'en soupa que mieux : rentré dans sa chambre, il eut les mêmes besoins ; pour les satisfaire, il passa non dans une garde-robbe, mais dans un petit coin que la *Civilité puérile & honnête* (ouvrage que tout homme bien élevé doit avoir lû) nomme *Cabinet d'aisance*. Là, le Bonhomme crut en se soulageant, pouvoir sans risques se livrer à ses habitudes. Or, vous saurez donc que chacun ayant son tic, celui de Mr. N.. est de voir & de sentir ce que d'autres ont grand soin d'éviter, mais sur le papier seulement. Comme il a la vûe basse, pour y voir mieux, il approcha la lumiere ; il l'approcha trop près, le feu prit au papier : rien de si aisé que de s'en débarasser, en se penchant en avant : il le jetta dans le lieu où il étoit encore retenu ; bientôt le Gaz, ou l'air fixe dont ces fosses sont remplies, en s'allumant, menaçoit Mr. N..., & la flam-

me alloit l'atteindre, quand il s'apperçut de l'embrâfement. Il cria au fecours,
il fut entendu : quelques fceaux d'eaux
en éteignant le feu, remirent le calme
dans les efprits. Tout étant dans l'ordre, chacun fut fe livrer au fommeil.
Mr. N... qui en avoit befoin plus que
perfonne, s'y abandonna jufqu'au lever
de l'aurore. Le Chantre du jour en
éveillant nos Voyageurs, rappela à
ceux-ci l'avanture de la veille, dont ils
rioient encore, tandis que l'autre pen-
fant aux accidents qu'il avoit éprouvé,
trembloit d'avance du chemin qu'il alloit encore parcourir.

Cette Scène eft le tableau de la vie.
Le Proverbe eft jufte, *Mal d'autrui
n'eft que fonge.* On s'apitoie fouvent
au récit d'une belle hiftoire : fi le Con-
teur employe adroitement le pathéti-
que, on ne peut lui refufer des larmes,
& nous rions tous les jours fans favoir
pourquoi, des maux dont nous fom-
mes témoins.

H iij

La Cavalcade fans abandonner les
réflexions triftes & gaies , produites par
le même fouvenir, reprit la route de la
Ville. M. N... plus malheureux encore
au retour, fit des paufes fi répétées ,
qu'on en compta trente-trois avant
d'arriver à Saint-Sauveur où les voyageurs étoient attendus pour dîner. Au
premier fervice, M. N.... fentant la
néceffité de réparer , fe livra à fon ap-
pétit , & mangea beaucoup. Avant la
fin de l'entremét, il eut lieu de fe ré-
pentir de fon intempérance. Il demanda la permiffion de fortir , elle lui fut
bien vîte accordée. Le premier endroit
où il ne vît perfonne, fût celui qu'il choi-
fit : il s'enfonça dans une baffe Cour ,
où il feroit encore fans les perquifitions exactes du Chirugien Major qui
étoit de la partie. Au bout d'un quart-
d'heure ne le voyant pas revenir, il
imagina qu'il étoit évanoui. Hélas ! Il
avoit déviné , il le trouva étendu dans
ce que je n'oferois nommer. Au fe-

cours, à l'eau, fut le cri de raliement ;
tout le monde y courut, les plus éloignés crioient au feu. L'alarme alloit se
répandre au dehors, quand d'un mot tout
s'appaisa. Des Palefreniers bien intel-
ligens furent chargés de bouchonner,
d'éponger, M. N.... qui en sortant
de leurs mains, se sentant plus frais
que jamais, fut se remettre à table,
où chacun reprit sa place. Après dîner il repartit, & arriva hier soir : aujourd'hui il est l'objet de toutes les
conversations ; quelques personnes le
plaignent, mais toutes en rient !

LETTRE XVII.

La Même, au Même.

Barège le 6 Septembre.

LE plaisir de partir me prête des charmes ; mon esprit & ma figure y gagnent ; je m'ennuyois & je devois ennuyer : depuis quelques jours je suis gaie & l'on me trouve aimable. Mon visage, qui depuis plusieurs années avoit perdu sa fraîcheur, semble l'avoir retrouvée. Si je la reporte en Champagne, je crois que vous ne me reconnoîtrez pas. Je pars toujouts après demain 8, pour Bagnéres. J'y resterai le 9, & le 10 je continuerai ma route. Je n'irai point en chaise à Porteurs, comme je vous l'avois mandé : on dit que je ne verrois rien, & je veux tout voir. Les femmes qui s'y sont rendues avant moi & qui ont pris ce chemin, ont été à cheval : pourquoi n'irois-je pas comme elles ? Ma fanté eft affez bonne pour me permettre cette gaîté. Je dois beaucoup à Barège : pour m'acquitter, je vante fes fuccès. J'irai même plus loin; je lui promets une reconnoiffance éternelle, pourvu que nous ne nous revoyons jamais. Il m'en a trop coûté à m'éloigner de vous, pour ne pas redouter d'avance un pareil moment.

LETTRE XVIII.

La Même, au Même.

Bagnières le 8 Septembre.

LE BROUILLARD horrible qu'il a fait tout le jour fur la montagne, ne nous a pas empêché de partir ce matin à fix heures. Nous efpérions en vain

qu'il se dissiperoit ; le froid étoit si
aigu, que les Domestiques qui nous
accompagnoient ont marché long-
tems pour s'échauffer. Je ne conçois
pas comment j'ai pu le soutenir. Le
but de cette course fatiguante a été
manqué en partie, puisque jusqu'à la
Vallée de Campan, nous voyions à
peine quatre pas devant nous : peut-
être est-ce un bonheur, car en vérité
une mauvaise tête tourneroit à moins,
sur-tout quand on n'a pas l'habitude
du cheval.

Les chevaux du pays sont petits ;
ils ne sont point fringuants, mais ils
ont la jambe sûre : voilà ce qu'on leur
demande dans des chemins où souvent il n'y a que juste de quoi passer,
& où le précipice est à perte de vûe :
ce qui rend les chemins plus dangereux
encore, ce sont des pierres énormes sur
lesquelles ces chevaux marchent, & qui
dans les descentes rapides, roulent sous
leurs pas. Un peu avant Campan, les

montagnes étant moins élevées, le brouillard n'étoit plus fi épais; nous eumes quelques rayons de foleil qui nous permirent d'examiner un pays bien étrange & bien pittorefque, une jolie plaine entourée de montagnes couvertes de Pins, d'où fortent des eaux qui forment des cafcades charmantes, & d'un volume énorme. Elles fe joignent à l'Adour, [a] qu'elles augmentent. Cette riviere étant bordée de prairies, & ne coulant plus fur de fi groffes pierres, devient alors fort agréable. On voit çà & là des maifons qui forment un hameau affez confidérable. Ces maifons font bâties avec des carreaux de terre, qui ne font point unis avec du mortier, mais feulement pofés les uns fur les autres; elles font cou-

____

[a] Nom d'une Riviere qui prend fa fource dans les Pyrénées : c'eft la même qui paffe à Bayonne.

vertes avec des planches de fapin affez fortes pour foutenir un lit de terre d'environ huit pouces, ce qui empêche le froid & la pluie de pénétrer. Cette nouvelle efpèce de couverture remplit encore un autre objet ; elle fert de jardin potager : on voit fur ces toits des légumes ou du bled, à la volonté du cultivateur.

Les étables font auffi fingulieres que les maifons ; un feul mur fuffit pour mettre leurs beftiaux à couvert de la pluie & du grand froid. Ce mur eft expofé au nord. A une diftance fuffifante , du côté du midi, on place à chaque extrémité un gros arbre qui foutient la toiture : voilà en quoi confifte ce bâtiment.

Les habitans de ce hameau pourroient faire une claffe d'hommes à part ; leurs mœurs font pures & différent autant de celles des autres payfans , que leurs coutumes. Leur ambition eft de vivre ; ils n'en ont pas d'autre : l'idée d'aller cher-

cher fortune, ne leur eſt pas encore venue ; ils ſuffiſent eux-mêmes à tous les
beſoins de la vie, excepté pour leur ha-
billement. Ils ſont tous architectes & ouvriers de leurs domiciles. Des branches
de ſapin les éclairent. Ce bois porte avec
lui une réſine qui, ſans préparation,
le rend propre à cet uſage. En ſe paſſant des autres hommes, ils n'ont point
d'intérêts à diſcuter avec eux. Ils ne ſont
point jaloux d'un prétendu bonheur dont
ils n'ont pas l'idée. Je les crois heureux.

Je n'entreprendrai point de vous parler de la beauté de la Vallée de Campan ; elle m'a paru l'image des Champs
Elyſées. Quand je vous peindrois des
prairies ornées des plus jolies fleurs,
que l'on coupe & qui ſe renouvellent
ſans ceſſe, une riviere charmante qui
paroît faite pour le lieu, des côteaux
fertiles en bled & en vin, [a] des ver-

_____

[a] Les montagnes à Campan, ſont moins
hautes & ſe prolongent en mourant juſqu'à
Bagnères, qui eſt bâti au bas des Pyré...

gers chargés de fruits, des maisons qui
se suivent l'espace de deux lieues, dont
l'extérieur annonce la richesse des habitans, des paysans bien vêtus, & en
grand nombre, de nombreux troupeaux
bien nourris, un beau sol, un Ciel
sans nuages : eh ! bien, quand je vous
aurai peint tout cela, vous n'aurez point
encore l'ensemble de Campan, & c'est
cet ensemble qui m'a charmé.

Au haut d'une montagne derriere
Campan, l'on trouve une Grotte qui
est connue par la beauté des crystaux
qui la tapissent, mais qui commencent
à se dégrader par la quantité de personnes qui sont venues en chercher. Il
faudroit que l'entrée fût fermée pendant quelques années, pour laisser le
temps à de nouvelles congellations de
se former. Au fond de cette Grotte,
qui est très-profonde, on voit une
fontaine, près laquelle Madame la
Comtesse de Brionne a écrit son nom.

A l'entrée de Campan, je trouvai

une voiture que l'Evêque de L.... m'a-
voit envoyée ; elle m'auroit fait grand
plaisir , si le chemin eût été moins
rude : j'y fus cahottée horriblement.
J'étois alors fatiguée ; actuellement j'ai
une courbature générale , trop forte
pour n'avoir d'autre cause que la fatigue du voyage : malgré cela , j'achève
ma toilette , & je vous quitte pour aller
voir les environs de Bagnières , qui
font très-agréables. Il est question de
me faire monter à l'hospice des Capucins , qui est peu éloigné de la Ville ,
& d'où l'on jouit d'une perspective dé-
licieuse. Demain je vous manderai ce
que j'aurai vû à la promenade & au
Vaux-hall, où je compte aller : mais
ce que je ne saurois vous exprimer ,
quand même j'en parlerois long-tems ,
c'est le plaisir que j'éprouve à me ra-
procher de vous. Voilà donc un pas
de fait vers la Champagne : avec quel
plaisir j'entreprends cette route !

LETTRE XIX.

Le Commandant d'Offrery à M. ***.

Bagnières le 11 Septembre 1779.

J'AI L'HONNEUR de vous écrire, Monsieur, sous la dictée de Mme ***, pour vous apprendre que Mlle votre fille a eu la petite vérole il y a un mois, & qu'elle ne vous l'a point mandé, parce qu'elle a voulu vous épargner l'inquiétude que cet événement vous auroit donné.

Madame *** auroit gardé le silence sur cette maladie jusqu'à son arrivée, si malheureusement elle n'étoit arrêtée ici pour la même cause. Elle s'est mise au lit mercredi 8 ; la petite vérole a paru hier sur les cinq heures. Elle me charge de vous dire, Monsieur, que si quelque chose pouvoit la consoler de la privation de ſes parents, c'eſt l'amitié des perſonnes avec leſquelles elle a vécu à Barège, & qui ſe trouvent ici.

Elle a envoyé chercher à Barège M. Clairac, Chirurgien - major de ce lieu, qui mérite à tous égards ſa confiance. Elle vous enverra bien exactement le bulletin de ſa maladie tous les jours de poſte.

Durant mon ſéjour à Barège, MM. de Berthous, Madame la Comteſſe de Beaufort, M. de N.... & moi, avions apprécié, Monſieur, les qualités de Madame * * *, nous en avions cultivé la ſociété avec ſoin : Madame la Comteſſe de Beaufort eſt reſtée à Barège, & MM. de Berthous, M le Comte de N.... & moi, nous ſommes heureuſement trouvés ici, lorſque Madame * * * y eſt tombée malade. Nous lui avons promis, & nous vous promettons de la ſoigner, de la ſervir perſonnellement, & de la faire ſervir avec la plus grande attention. Au reſte, elle a une femme-de-chambre remplie d'intelligence & de zèle.

LETTRE XX.

Henriette ***, à fon Pere.

Bagnières le 11 Septembre.

QUOIQUE MAMAN vous ait fait écrire ce matin, elle eſt bien aife que je vous donne de ſes nouvelles, & j'ai tant de plaifir à faire ce qui lui plaît, que je m'en preſſe à prendre la plume; ſa feule crainte eſt que vous ne vous inquiétiez. Si elle avoit pu fe trouver à Langres le 27, elle vous auroit laiffé ignorer fa maladie, qui vraifemblable-ment aura une fin auffi heureufe que la mienne. Que vous la plaindriez, fi vous faviez tout ce qu'elle a fouffert alors! Auffi, ne puis je trop l'aimer.

Maman eſpére que cela retardera de bien peu de jours le plaiſir qu'elle aura à vous rejoindre, ſe propoſant déjà de partir auſſi-tôt que ſes forces le lui per-mettront. Je me joins à Maman pour vous prier de vous tranquilliſer & pour vous embraſſer.

LETTRE XXI.

Henriette *** à M.....

MAMAN eſt trop ſouffrante, Mon-ſieur, pour vous écrire elle-même : la petite vérole que j'ai eu le mois der-nier, étoit un ſecret qu'elle ne devoit vous révéler qu'à Langres. Sachez-lui gré des efforts qu'elle a fait pour le garder. Mais la crainte où elle eſt de ne pas s'y trouver en même-tems que vous, l'oblige en vous parlant de mon rétabliſſement, de vous apprendre ſa maladie. Les Médecins m'affurent qu'ils n'ont pas la moindre inquiétude. Il n'en eft pas de même de moi. Vous favez comme nous nous aimons : je lui ai caufé bien de la peine ; c'eft aujourd'hui mon tour : pour elle, elle n'en a d'autre, que celle d'être éloignée de fa famille & de fes amis. Soyez le toujours ; vous le devez aux fentimens qu'elle a pour vous.

---

*BILLET de Madame * * *, à M.....*

Le 11 Septembre, à 5 heures du foir.

Je ne puis y tenir ! il me femble que je ferai mieux quand j'aurai caufé un moment avec vous. De grace, foyez auffi calme que moi : je fuis paifible, & votre inquiétude me tueroit. Je n'éprouve d'autre peine que de ne pouvoir être à Langres le 27. Vous m'avez promis de m'aimer en dépit des événemens? A quelle épreuve celui-ci va-t-il mettre votre fenfibilité ! On dit, à ma follicitation, que je pourrai partir le 22 : comme on me trompe !

LETTRE XXII.

M. Clairac à M. ***.

Bagnières le 13 Septembre.

J'ARRIVE de Barège pour me rendre auprès de Madame ***, qui eft retenue ici par la petite vérole. Cette petite vérole eft confluante. Jufqu'à ce jour il n'y a point eu de mauvais fymtôme ; tout fe paffe affez bien. J'efpere que les accidents confécutifs ne nous mettront pas dans les alarmes, quoiqu'il ne faille pas trop s'y fier, &c.

LETTRE XXIII.

Henriette * * *, à son Grand-Pere.

Bagnières le 19 Septembre.

J'AI REÇU ta Lettre, mon bon Pere, & je me suis trouvée heureuse de n'être pas près de toi, puisque j'aurois éprouvé le châtiment que méritoit ma paresse. Mais, parlons de quelque chose de plus sérieux & de plus important pour mon cœur. Maman qui a été bien mal, à ce que l'on me dit actuellement, va autant bien qu'il est possible : elle souffre cependant aujourd'hui, & cela me fait bien de la peine. Jugez, mon bon Pere, de mes inquiétudes, par l'amitié que tu sais que j'ai pour elle. Quelquefois elle m'accuse d'indifféren-ce : elle ne sait pas que je veux lui cacher mon chagrin, de peur de l'affliger. Un jour elle me rendra juſtice, & cela me conſole. Adieu, mon bon Père; j'eſpere qu'à mon retour tu n'auras plus envie de me tirer les oreilles, & que tu ne t'occuperas que du plaiſir de m'embraſſer.

LETTRE XXIV.

Henriette *** , à ſon Pere.

Bagnières le 21 Septembre.

MAMAN va mieux actuellement, elle n'a preſque plus de fievre. Jugez de ma joie ; je commence à rire & à ſauter. Si cela dure, j'aurai bientôt repris ma premiere gaîté, qui, pour la premiere fois, m'avoit abandonnée. Vous voyez qu'il n'y a plus d'inquiétude à avoir. Adieu ; j'eſpere vous embraſſer bientôt.

P. S. Maman vous prie de raſſu-
rer mon bon Papa & ma bonne Maman : heureuſement , vous n'aurez
point à les conſoler.

L E T T R E   X X V.

Madame *** à M......

Bagnières le 24 Septembre.

JE VIS ENCORE , mes yeux ſont
rendus à la lumiere ; l'eſpérance renaît
dans mon cœur. C'eſt dans le ſein de
l'ami le plus tendre , que je répands
mon bonheur. Qu'il partage ma joie,
& qu'il jouiſſe d'avance de la félicité que
j'éprouverai à me retrouver près de
lui. Le deſir de vous revoir me donnera
des forces & hâtera ma convaleſcence.
Sûrement je partirai dans les premiers
jours du mois prochain. Adieu ; quand
je vous reverrai , ſouvenez-vous que
mon

mon cœur n'a point éprouvé de méta-
morphofe, & que, fous une enveloppe
horrible, il eft rempli pour vous de la
la plus tendre & de la plus conftante
amitié.

LETTRE XXVI.

Henriette ***, à fon Pere.

Bagnières le 25 Septembre.

MAMAN eft auffi bien qu'elle peut
être : enfin foyez tranquille, mon cher
Papa. Je tâche par mes careffes de lui
faire oublier fon vifage, dont elle s'occupe quelquefois, ce qui n'eft pas beau.
Elle eft maintenant en convalefcence.
Ont tâche de la diftraire, parce qu'elle
a des vapeurs, & qu'elle s'inquiette. Elle
parle fouvent de vous. Elle voudroit
bien vous avoir pour faire fon voyage,

& moi j'ai le même defir ; mais c'eft pour vous embraffer. Quand serons-nous réunis ?

LETTRE XXVII.

Madame * * * , à M........

Bagnières, le 2 Octobre.

ENFIN je pars. Concevez-vous ma joie ? Je me rapproche de vous. Si de nouveaux obftacles ne furviennent point, je ferai le 10 au Pont S. Efprit. L'Evêque de L.. vouloit que j'allaffe paffer quelques jours chez lui, pour reprendre des forces : j'ai refufé. Le defir de vous voir m'en prête ; & c'eft de tout mon cœur que je dis avec Tan-crede :

A tous les cœurs bien nés, que la patrie eft chère !

Je ne vous dis point Adieu ; je fini-rai ma lettre à Tarbes.

à Tarbes, 8 heures du soir.

Je fuis arrivée ici beaucoup moins fatiguée que je ne l'aurois été fi j'euffe fait le tour de ma chambre. Malgré cela, le Médecin de Bagnères, en l'abfence duquel je m'étois fauvée, vient de me ratraper ici. Il a défaprouvé ma fuite, & pour le prouver, il m'a fur le champ condamnée à être faignée, pour trop de fréquence dans le poulx, & pour prevenir les fuites d'une groffeur à la jambe. Je me réfigne pour n'avoir rien à me reprocher. Sans être borgne, j'ai un œil qui n'en vaut guères mieux. Il fatigue horriblement par l'application. Ainfi trouvez bon que je vous quitte ; cela me rend d'une mauffaderie que je ne faurois exprimer ; mais à travers mon humeur, je n'ai jamais ceffé un inftant de fentir combien je vous aime.

P. S. Je me fuis rendue ici avec empreffement, efpérant recevoir mes let-

tres plutôt : mon attente est trompée.
On n'ouvre point ici le paquet de Bagnères. Je fais partir ce soir un Exprès,
qui me les rapportera demain à mon
lever. Depuis trois semaines je suis privée du plaisir d'en recevoir ; jugez de
mon impatience.

LETTRE XXVIII.

M......, à Madame * * *.

Le 21 Septembre.

QUELLE Lettre ! Quelles nouvelles
je reçois ? Je ne puis vous exprimer
l'état dans lequel je suis. Vous seule,
oui, vous seule qui connoissez mon
cœur, le sentiment qui me lie à vous,
vous pouvez juger de l'effet qu'elle a
produit. A deux cent-cinquante lieues
de vous, au moment de vous revoir,
vous êtes attaquée de ce mal affreux,

seule, isolée, sans amis! Mais non, je m'abuse, vous en avez, vous devez en avoir: ceux qui vous ont vu, ne vous abandonneront pas ; ils auront pour vous ces sentimens que vous inspirez toujours. Que j'envie leur sort! Quoi je ne puis aller vous soigner, essuyer votre visage, vous soulager, vous consoler? Que votre Billet m'a été précieux! Je sens le prix de cette attention. Jugez donc combien vous devez être chère à celui qui a été assez heureux pour vous occuper dans l'instant qui intéresse votre existence.

Vous vou'ez, vous m'ordonnez de ne pas m'inquiéter? Ah! comment puis-je vous obéir? Malgré moi, les pleurs s'échappent de mes yeux. Je suis seul à présent, mes pleurs inondent cette Lettre. Eh! vous saurez un jour l'état où est mon ame dans ce moment où je ne puis voler vers vous.

Vous avez été bien bonne, de ne as me parler des dangers de la petite bonne-amie. Vous avez ménagé mon cœur ; vous m'avez épargné les inquiétudes que j'aurois pris & pour elle & pour vous. Il faut toujours que je vous remercie, & le soin de la reconnoissance est bien cher à celui qui vous aime.

LETTRE XXIX.

Madame ***, à M.....

Ausch le 6 Octobre.

L'Exprès de Tarbes envoyé à Bagnières, est revenu hier chargé de biens : un paquet énorme dans lequel étoient renfermées des Lettres de tout ce qui m'est cher. Comme vous avez senti ! comme vous avez partagé mes maux ! Malgré mes malheurs, que je me trouve heureuse d'inspirer un intérêt aussi tendre !

(199)

Si rien ne s'y oppofe, je ferai le 26
à O..... Quel jour ! que je le defire ! &
que je le crains ! Quels momens pour
mon cœur ! Comment le vôtre foutien-
dra-t-il le fpectacle de celle que vous
aimez, voûtée par la foibleffe, maigrie
de moitié par les fouffrances & l'inquiétude, horrible par le genre de maladie, boiteufe des fuites d'un dépôt qui,
depuis trois jours, me retient au lit,
avec un œil fermé!.... Je vous vois
frémir à cette peinture..... Adieu. Je
voudrois écrire encore, mais mon mauvais œil ne me le permet pas.

LETTRE XXX.

M....., à Madame ***.

A ..... le 23 Septembre.

Non je ne croyois pas à un tourment plus affreux que l'abfence ; mais ajouter à la peine d'être loin de ce qui nous eft cher, l'inquiétude du mal horrible dont vous venez d'être attaquée, c'eft une douleur qui ne peut fe comparer à rien. Tranquillifez-vous fur les traces que ce mal aura pu laiffer fur votre vifage : vous ferez toujours fuperbe pour vos amis : il ne pourra changer votre efprit ; vous conferverez toujours celui qui fait plaire.

Je pars demain pour Langres : je ne vous y trouverai point, quelle différence ! Les Lettres arrivent, tout va bien, Un Billet encore ! Et dans quel moment ? Eh ! que mon cœur fent bien le prix de cette attention. Le fentiment feul vous l'a infpiré, & c'eft le fentiment qui le reçoît. Vous vivez, oui, vous vivrez pour être aimée, pour être chérie ; & j'ai la préfomption de croire que perfonne ne s'en acquittera mieux que moi.

J'adreffe cette lettre à Aufch. Vous en trouverez, à ce que j'efpere , dans votre route : que n'y puis-je être moi-même !

L E T T R E   X X X I.

Madame *** à M......

Aufch le 10 Octobre.

APRÈS huit jours de fouffrances, demain je continue mon voyage. Ma jambe, qui ne me permet point de marcher, me permet de me traîner ,

I v

& c'eſt tout ce qu'il me faut pour gagner ma voiture. J'eſpére être le 26 à
O... Mon Dieu, que j'aurai de plaiſir ſi
je le revois ! Henriette me rappelle les
derniers adieux que je lui fis. Vous y
y étiez , & vous vous en moquâtes.
J'avois un preſſentiment ; je craignois
ce maudit voyage...... Enfin ſi je vous
revois, tout ſera oublié, & vous tolé-
rerez mon malheureux viſage en faveur
des circonſtances & de la part que vous
y avez. Si je fuſſe reſtée à C***, peut-
être ſeroit-il encore dans ſon entier,
peut-être auſſi y ſerois-je morte. Ainſi
tout pour le mieux.

J'emporterai d'Auſch les regrets & la
reconnoiſſance, qu'un être jouiſſant li-
brement de toutes ſes ſenſations pourroit concevoir. Jugez par-là de la ré-
ception & des graces que M. de Ber-
teuil a miſes pour prolonger mon ſéjour & charmer mon impatience. Mon
œil eſt toujours malade : vous l'euſſiez
deviné, de la maniere dont cette Lettre
eſt écrite.

LETTRE XXXII.

Madame * * *, à M.....

Montpellier le 18 Octobre 1779.

Enfin me voilà à Monpellier toujours borgne & boiteuse. La jambe n'est rien, mais l'œil est tout : c'est une tache sur la cornée transparente, qui s'étend un peu sur la pupile. On m'assure qu'elle passera aisément : dois-je le croire ? J'espere (je ne dis plus autrement) être chez moi le 26 ; je compte vous y trouver : le béau jour ! La route m'ennuie & me fatigue. Il est dur d'y être dans l'état où je suis.

LETTRE XXXIII.

Henriette *** , à M....

Au Pont-St-Esprit le 18 Octobre.

MALGRÉ le plaisir que Maman auroit à vous donner de ses nouvelles, Monsieur, elle s'en trouve privée, son œil ne lui permettant pas d'écrire. Quant à sa figure, tout le monde assure que ses traits ne sont point changés, & que, dans quelques mois, elle aura toujours une phisionomie charmante. Je le souhaite pour elle ; car pour moi je l'aimerai telle qu'elle sera. Adieu, Monsieur, je vous embrasse ainsi que tous les amis de Maman, auxquels je n'ai pas eu le tems de penser depuis bien longtems.

P. S. Maman me charge d'ajouter

qu'elle vous prie de n'être point inquiet, si d'ici à son arrivée vous ne
recevez point de ses nouvelles : vous
connoissez la cause de son silence ; c'est
son œil seul qu'il faut en accuser.

LETTRE XXXIV.

Madame * * *, à M.....

Le 27 Octobre 1799 , à O.....

J'ARRIVE, & je ne vous vois point ;
je souffre, & vous ne me consolerez
pas ! Je croyois trouver ici le terme
de mes maux ; mais votre absence me
prouve à quel point je me suis trompée. Mon œil est dans un état horrible ; pour mon cœur, il est & sera toujours le même : sachez lui gré s'il ne
vous accuse pas , & convenez du moins
que jamais affaire n'est survenue plus
mal-à-propos. Adieu.

LETTRE XXXV.

Madame * * *, à M.....

Paris le 10 Novembre 1779.

MON DIEU ! que je suis née sous une étoile malheureuse ! Après des maux inouis, j'arrive chez moi, je ne vous y trouve point. J'y passe dix jours; les huit premiers s'écoulent sans que je vous voye : enfin vous arrivez , & il faut vous quitter. Une tache à l'œil, une inflammation considérable & des douleurs qu'on ne peut comparer, me forcent à partir pour Paris, où je viens chercher du secours. Je l'y trouve, mais je vous ai perdu. Quand donc réunirai-je & le bonheur & la santé ? L'un dépend des Dieux, & l'autre de vous. C'est sans y voir que je trace ces lignes; je doute que vous puissiez les lire.

LETTRE XXXVI.

Madame * * *, à M.....

Paris le 20 Novembre 1779.

QUE vous êtes aimable, & que vous me faites bien connoître le prix d'un ami ! Que l'inquiétude dont votre derniere Lettre est remplie, est obligeante ! Croyez qu'elle est bien sentie, & que j'en conserve une reconnoissance qui me fait supporter sans peine l'idée des maux que j'ai soufferts, puisque je leur dois les marques d'intérêt que vous me donnez.

Mon œil est infiniment mieux depuis une nouvelle saignée ; les douleurs sont appaisées, & la tache prend une bonne tournure. Les Médecins assurent qu'il guérira promptement ; cependant ils me défendent d'écrire ; mais je vous dois trop pour ne pas anticiper fur le moment où je pourrai fans rifque vous parler de ma tendre amitié. Quelles que foient les fuites de cette défobéiffance, je n'en murmurerai point, fi elles fervent à vous en convaincre. Ne dois-je point auffi vous raffurer ! Vous me croyez malheureufe ? Quoi ! parce que je fuis laide ? Eh ! tous mes amis me font reftés, qu'ai-je donc à regretter ? Rien.

Je n'ai eu qu'un feul inftant de chagrin : c'eft lors de la maladie de ma fille. Pendant la mienne, j'ai beaucoup fouffert ; mais qu'eft-ce que les fouffrances du corps ? Je ne connois de réelles que celles de l'efprit ou du cœur. J'ai été fott mal, j'ai cru mourir ; mais la mort n'eft point horrible à trois cents lieues de chez foi ; on n'eft point attendri par les pleurs des perfonnes qui s'intéreffent à nous ; on fe croit feul dans l'univers , & on le quitte fans regret. MONTAIGNE a raifon : *Il faut mourir loin de chez foi.*

LETTRE XXXVII.

Madame * * *, à M.....

Paris le 28 Novembre 1779.

OUI ! je fuis l'édification de l'hôtel & celle du quartier par mes actes de dévotion. Vous répondrez, je n'en fuis point en peine, que j'ai peu de mérite, parce qu'ayant un laid vifage, je n'oferois le montrer. Eh ! bien, vous vous trompez ; je le montre ; on commence à s'y accoutumer : d'ailleurs, il n'eft plus fi laid depuis que je mets un chapeau. C'eft une belle chofe qu'un chapeau, quand on lui doit fon vifage ! Si je favois faire des Epitres, je lui en adrefferois, à l'imitation de *Sédaine*, qui un jour en fit une à fon habit.

Vous faurez donc que Mercredi, jour de la Conception, j'entendis la grand

Meſſe à S. Roch : n'êtes-vous pas tenté de m'admirer ? Eh bien, ſuſpendez vos applaudiſſements. Je ne ſais ſi je les fouffre quand ils ſont mérités ; à plus forte raiſon, quand ils ne m'appartiennent pas. Véritablement j'allai à S. Roch ; mais pour y applaudir *Balbatre*, qui touchoit l'orgue. Revenons à la Meſſe. Je l'entendis avec une femme de mes amies, dont le Mari eſt Marguillier d'honneur, dans une tribune ornée comme le plus joli boudoir : des tapis de pieds, des carreaux, un ſecrétaire rempli de papiers à billets ; des bougies pour les jours ſombres, ou pour les oraiſons de nuit ; une garde-robbe meublée de tout ce qui peut être utile à la ſuite d'un appartement ; & un eſcalier dérobé. Que penſez-vous de cet eſcalier ? Ah ! Meſdames les dévotes ; ſi une de vous, qui n'avez point de tribune, aviez vû celle-là, vous pourriez bien dire du mal de la femme à qui elle appartient.

J'entendis, il y a quelques jours, un *Harmonica*, inftrument inventé par le célébre *Franklin*. Quelle bête eft-ce là, vont s'écrier mes Concitoyens ? S'ils font cette queftion, vous leur direz que c'eft une boîte plus longue que large, dans laquelle font rangés comme des touches de Clavecin, des verres femblables à ceux dont on fe fert à table, qui au-lieu d'être fur des pieds de la même matière, font adoptés à de petits morceaux de bois en forme de tuyaux, qui peuvent avoir cinq à fix pouces de haut, lefquels font attachés perpendiculairement dans la boîte. La différence des fons eft produite en partie, par la grandeur des verres, & par la quantité d'eau qu'on met dedans.

Le premier verre du côté de la baffe, eft plus grand que les autres. Ils vont toujours en diminuant, en obfervant une égale progreffion jufqu'à la derniere note du deffus. Cet inftrument peut s'étendre tant qu'on veut;

Il ne faut pour cela qu'y ajouter des verres. Avant de le toucher, on trempe ſes doigts dans l'eau, ou bien on les frotte avec un citron; on les paſſe enſuite légerement autour du verre qui repréſente la note dont on a beſoin. Les ſons que ce frottement produit étant très-filés , on ne peut executer que des *Andantes* , ou des Romances. On aſſure qu'à la longue il produit des effets étranges. Je ne l'ai point entendu aſſez long-tems pour en juger. (*a*) Mais voici

---

(*a*) Depuis je me ſuis trouvée avec le propriétaire de cet inſtrument , qui eſt un Américain aimable. Comme il contoit différents effets qu'avoient produits ces ſons , & que j'avois peine à y croire , il ne demanda que du tems pour m'en convaincre. Effectivement , après ſix ou ſept morceaux , j'éprouvai des baillements ſi fréquents , & une telle défaillance , que je fus obligée de demander grace : deux airs de plus , & j'étois évanouie. Ma fille qui ne s'étoit apperçue d'aucun effet , ſe mit à un *Forte-piano* ; mais ſes doigts avoient perdu & leur agilité & leur force; elle ne les retrouva que long-tems après.

ce qui m'a été conté à ce sujet.

On avoit fait apporter cet *Harmonica* à l'Abbaye de *** où la Communauté s'étoit assemblée pour l'écouter. Les Religieuses les plus susceptibles de sensations vives donnerent le signal ; elles perdirent connoissance ; les autres ne tarderent pas à les suivre ; & en moins d'une heure, on vit toutes ces Vierges, les yeux fermés, ou à-demi ouverts, la tête renversee ; elles étoient sans mouvement ; leur sang ne circuloit plus ; elles ne donnoient plus de signes d'une vie à laquelle il étoit aisé de les rappeler ; car elles ne se trouvoient pas mal ; elles n'étoient qu'évanouies, & leur état tenoit un peu de l'extase. Le mal étoit trop général pour qu'elles se prétassent un secours, dont elles avoient toutes besoin. Le nouvel Orphée, & son Guide auroient pu courir aux plus pressées ; mais ce n'étoient pas les plus jeunes ! & c'étoit par elles qu'ils eussent voulu tous commencer. En pareil cas, un paſſe-droit eſt un affront qu'on ne pardonne pas : n'en pas faire étoit une cruelle entrepriſe qui de plus demandoit du tems ; prudemment ils tinrent un petit conſeil , dont le réſultat fut une belle retraite , qu'en Muſique, on nomme *Fugue.* Ces Dames revinrent comme elles purent; on ne m'a pas conté la fin de l'hiſtoire : je ſais ſeulement qu'aucune n'en mourut.

Il vous ſera facile de deviner par les extravagances que renferme cette lettre, que ma ſanté eſt auſſi bonne que mon eſprit eſt tranquille. Hélas ! que me manque-t-il ? Je vis , & vous m'aimez.

LETTRE XXXVIII.

La Même, au Même.

Paris le 3 Novembre.

QUOI ! vous m'accusez de paresse, parce que je ne vous ai point encore donné le triste journal de mon retour des Eaux ! Ce reproche m'appartient si peu, je suis si éloigné de le mériter, que j'ai presque envie de me fâcher con-tre vous d'avoir osé me soupçonner. Malgré votre injustice à me suppo-ser des torts, j'aime encore à me justi-fier ; pour y parvenir, je vous allé-guerai deux raisons ; la premiere re-garde mes yeux ; & sans mon antipa-tie pour l'inaction, peut-être n'aurois-je point encore la permission de m'y livrer.

Votre amitié pour moi vous fera

fans doute trouver l'autre moins bonne ; puifque vous voulez bien vous intéref-fer à la moindre de mes actions. Je crai-gnois , je vous l'avoue , que le récit d'un voyage fait dans une circonftance auffi fâcheufe , ne dût néceffairement vous ennuyer. L'état dans lequel j'étois , ne m'a pas permis de voir beaucoup , & peut-être ai-je mal vu ce que j'ai eu le courage d'aller chercher.

J'en fuis reftée à mon arrivée à Ba-gnères , le 8 Septembre. Je vous écri-vois à ma toilette , & je vous quittai pour aller me promener , quoique j'euffe de fortes raifons de me plaindre de ma fanté. A l'aide de deux bras, je montai à l'hofpice des Capucins , où je vis ce qu'on m'avoit promis , un pays charmant. L'enfemble me frappa ; mais je n'étois pas en état d'en diftin-guer les beautés. Je vis auffi le bain des Révérends. Ils permettent à des pro-fanes de s'y purifier. Ce bain , ainfi que tous ceux de Bagnères , et il y en a 50 ou 60, sont auffi agréables que ceux de Barèges le font peu. Ils font propres, clairs, & beaucoup moins chauds. Ces Eaux en général n'ont pas autant de vertus, & ne font point auffi fertiles en miracles que celles de Barèges ; auffi la plus grande partie des perfonnes qui y viennent, n'ont d'autre projet que leur amufement, ou la guérifon de quelques légeres incommodités.

Mais revenons à la mienne, qui malheureufement étoit plus férieufe. Sentant l'impoffibilité où j'étois de continuer la promenade, j'engageai mes Guides à me ramener à la Ville. Comme je n'avois pas perdu l'idée du Vauxhall, je me rendis chez l'Evêque de L.. qui logeoit vis-à-vis, pour en attendre l'heure. L'Evêque à qui je comptai ce que je fouffrois, infifta pour que j'allaffe me coucher. --- Non, Monfeigneur, je vais avoir la petite vérole ; peut-être n'en reviendrai-je point, & je veux favoir ce que c'eft que le Vaux-hall de Bagnières. A 8 heures j'y fus ; j'y trouvai la plus jolie assemblée ; des femmes charmantes, mises & dansant à merveille ; presque toutes du Parlement de Pau & de Toulouse, les étrangéres étant reparties.

La salle où l'on danse est suivie d'un sallon destiné pour le jeu. On y fait des parties fort chères. Les jeux de hazard y sont défendus ; mais on s'en dédommage dans les maisons particuliéres. Ma folie n'étant plus celle de la danse, je fis un Wisk. Comme on servoit le souper, le second Rob finit. J'avois plus besoin de mon lit que de manger. J'allai me coucher. Je passai une nuit horrible. Aussitôt qu'il fit jour, j'envoyai chercher le Medecin. Je le priai de me traiter pour la petite vérole, après lui avoir conté les raisons que j'avois de la craindre. Hélas ! Je ne m'étois pas trompée. Le lendemain, les boutons parurent. Je demandai un miroir ; ma tête étoit déjà enflée ; je

me fis horreur ; je dis adieu pour toujours à ce visage , dont je n'avois jamais été fiére ; mais j'en sentis le prix
au moment de le quitter. J'en fis cependant le sacrifice avec assez de fermeté. Malgré l'état où j'étois, le desir
de plaire que je ressentois pour la premiere fois , me laissa assez de présence
d'esprit, pour entreprendre de sauver
les ornements qui caractérisent la beauté ; pour y parvenir , je frottai jusqu'à
la fin de l'éruption , mes paupieres &
mes sourcils avec du vinaigre. Ce moyen
me réussit ; mais c'est peut-être à cette
répercussion de l'humeur que je dois
le grain de petite vérole que j'ai eu
dans l'œil. Pendant les premiers jours
de ma maladie , je conservai de la gaîté. Quelquefois elle étoit factice ; mais
je la jugeois nécessaire , par la crainte
où j'étois qu'en ennuyant les personnes qui venoient près de moi , elles ne
s'en éloignassent : même dans mon dé-
sire, je cherchois à les amuser.

Je priai un jour le Comte de N... de m'intéreſſer dans ſon jeu. Il eut l'air d'y acquieſcer. Le lendemain je lui dis : Comte, j'ai déjà diſpoſé de l'argent qui me reviendra de notre ſociété. Comme je ne peux plus être belle qu'à force d'art, je me ferai faire un maſ-que d'or, avec celui que vous devez me gagner.

Ma fille qui ne connoiſſoit point mon danger, & qui jugeoit de ma maladie, d'après la ſienne, profitoit de la liberté que ma poſition lui donnoit ; elle étoit preſque toujours chez une Dame, qui avoit la bonté de la recevoir, pour dé-baraſſer mes Gens, dont tous les ſoins m'étoient néceſſaires. Elle employoit le peu d'inſtants où je la voyois, à me conter ſes plaiſirs : elle vouloit me dis-traire ; je ne devinois pas ſon motif ; je l'accuſois d'inſouciance, & le châ-grin que j'en conçus penſa me coûter a vie.

Une nuit que j'en étois encore plus

tourmentée qu'à l'ordinaire, l'ardeur de la fiévre me prêta de l'imagination, & je fis un conte dont mon histoire servit de canevas. Je l'avois intitule: LE MALHEUR DES MERES. On y voyoit fort au long la sensibilité de celles-ci en opposition avec l'indifférence des enfants ; souvent même avec leur ingratitude. J'en donnois plusieurs exemples, & je finissois par celui d'une de ces victimes de l'amour maternel, mourante pour avoir soigné sa fille, dans une maladie contagieuse à laquelle elle n'avoit point échapée, & qui la conduisoit au tombeau, sans avoir la consolation d'y voir sa fille sensible.

A 7 heures du matin, mon Henriette entra J'étois alors fort-mal, & je ne me flattois pas de passer la journée. Je la fis venir auprès de mon lit, où je lui débitai de mon mieux ce petit conte ; elle vit qu'il lui étoit dédié, ce qui joint à mon attendrissement, excita le sien. Elle se jetta sur mes mains qu'elle baifa, qu'elle couvrit de larmes ; les miennes me fuffoquoient. Je n'interrompis mes fanglots que pour lui repréfenter la légereté de fon caractère, qui lui diffimuloit mon danger. Elle étoit trop affligée pour fe juftifier ; il eût fallu raifonner ; elle préfera de demander pardon : hélas ! il fut bientôt accordé. C'étoit le moment de l'indulgence. De nouvelles larmes fcéloient notre réconciliation, quand le Médecin, par fa préfence, mit fin à un attendriffement, qui n'avoit déjà que trop duré.

Après 17 jours du danger le plus imminent, la fiévre céda. Je dois la vie à la maniere dont on m'a traitée. Des boiffons rafraîchiffantes, de l'air, du linge blanc ; levée, tant que mes forces me le permirent ; une diete auftère, des bains de lait, & une dofe de firop de pavots blancs, fuffifant^e pour me tranquilifer une partie des nuits.

LETTRE XXXIX.

La Même, au Même.

Paris le 5 Novembre.

PENDANT ma convalescence, que j'abrégai, je fis des questions sur Bagnères, qui me mirent à même de le connoître. C'est un lieu peu considérable par lui-même. La population, proportion gardée, y est plus forte qu'ailleurs; ce qui joint à l'affluence des étrangers qui y viennent pendant la saison, prouve en faveur de ce séjour. Bagnères étant située dans la plaine, le climat est aussi chaud que celui de Barège est froid. Aussi la saison des Eaux commence au mois de Mai, & ne finit qu'avec celui d'Octobre.

Pendant ces cinq mois, on compte quelquefois jusqu'à 18000 Buveurs, qui répandent un argent très-considérable dans ce pays. Vers le 25 Septembre, la bonne compagnie se retire, & tous les Curés des environs viennent s'y établir, au nombre de 3 à 400. Ils s'assemblent, jouent, & perdent souvent plus que la valeur de leur bénéfice.

Bagnères est un séjour délicieux par le climat. On y trouve des promenades charmantes, des environs agréables où l'on fait de jolies parties. La troupe de Comédie, qui est passable, joue cinq jours de la semaine ; les deux autres sont destinés au Vaux-hall, où les plaisirs sont variés. Un feu d'artifice précede un grand souper ; le reste de la nuit se passe à jouer & à danser.

Les logements de Bagnères sont bien distribués, & assez vastes pour permettre aux Buveurs d'amener leur Maison, ce qui est encore d'une grande ressource pour la société.

Avant que j'arrivasse à Bagnères, une

certaine Comteſſe de Neufville avoit eu
une petite avanture d'un genre nouveau, que la Chronique a eu ſoin de
transmettre. Il eſt d'uſage à Bagnères,
pour que chacun à ſon tour ait une
heure commode pour le bain, d'en
changer tous les mois. Alors les premiers arrivés deviennent les derniers,
& le mois d'après ils reprennent leur
tour. Madame de Neufville, contente
de ſon heure, trouva mauvais qu'on
lui en propoſât une autre. Elle eut à
ce ſujet une diſpute très-vive avec le
Maître Baigneur, chargé de ce détail.
Mais comme l'uſage étoit contre elle,
& que l'intérêt public s'oppoſoit à ce
qu'on l'intervertît, elle ne put l'em-
porter. Cependant, pour n'avoir pas
l'air de ceder, le jour où elle devoit
changer, elle fit écrire par ſon Valet-
de chambre, au Maître Baigneur,
qu'elle ne ſe baigneroit point, par une
raiſon commune aux Dames, qu'on
devine ſouvent, mais dont elles ſe van-

tent rarement. Madame la Comtesse
de Neufville, qui, dit-on, a 45 ans
passés, ne fut pas fâchée de faire valoir cet obstacle. Le Baigneur, par mé-
chancheté, ou pour la servir suivant
son gré, fit part de son billet à un
Buveur d'eau, qui n'étoit point ami de
la Comtesse, & qui en fit par-tout des
plaisanteries fort amères. Madame de
Neufville, instruite des lazzis, dont elle
étoit l'objet, envoya redemander son
écrit à l'homme entre les mains duquel
il étoit passé. Il fit répondre qu'il ne
savoit ce qu'elle vouloit dire. Le lendemain, une seconde ambassade pour
la même demande. -- Dites à Madame
de Neufville, que son billet est perdu;
mais que si elle insiste à le redemander, j'en ferai afficher demain le con-
tenu, aux arbres de la promenade,
afin que celui aurà trouvé l'original,
puisse le lui rapporter.

LETTRE XL.

Le Même, au Même.

Paris le 6 Novembre.

LE 2 Octobre, je partis de Bagnières, & je fus coucher à Tarbes, où je séjournai; vous en avez sçu les raisons. Le 4, j'arrivai à 8 heures du soir à Aufch. Un dépôt à la jambe m'y retint huit jours. J'y vis souvent une vieille Gasconne remplie d'esprit & de gaîté. Elle avoit passé par les mêmes épreuves que moi, à-peu-près au même âge. En se rappelant son fort, le mien lui faisoit compassion. Comme elle me voyoit toujours avec un grand voile, qui m'enveloppoit le visage, » prenez votre par-
» ti, me dit-elle un jour, vous serez la
» dupe de cette fausse honte. J'ai eu la
» petite vérole comme vous , au com-

» mencement de l'automne ; mais elle
» m'a maltraitée bien d'avantage : (effec-
» tivement elle est ho rible, j'avois alors
» vingt-sept ans, & depuis long-tems je
» m'étois promis de ne danser, & de ne me
» coifer en cheveux que jusqu'à trente.
» L'occasion ne paroissoit pas propre à
» me faire changer d'avis Le carnaval
» arriva. Jusques-là j'avois fait comme
» vous ; je n'osois me montrer. Je cal-
» culai que des trois années que je m'é-
» tois proposé de donner encore au
» plaisir de la danse, & desquelles je ne
» voulois rien retrancher ; peut-être
» allois-je en perdre une qui seroit irré-
» parable.

» Cette reflexion dérangea mon pro-
» jet de retraite. Je l'abjurai, & sans
» consulter, je me fis faire une perru-
» que : j'avois perdu mes cheveux, je la
» surchargeai de fleurs. Mes sourcils
» ayant éprouvé le même sort, j'en
» appliquai de postiches. Je n'oubliai
» pas une dose de rouge, assez foncé

» pour dominer sur le cramoisi de mon
» visage. Je couvris trois ou quatre
» boutons plus apparents que les autres,
» avec des mouches, & je terminai
» cette toilette par un ajustement de
» rubans couleur de feu, qui étoit fort
» à la mode alors. Dans cet excès de
» parure je me fis peur ; mais sans égard
» à l'effet que je produirois aux yeux des
» autres, je courus au Bal, où je dan-
» sai toute la nuit. On me prit pour un
» masque. L'impression que je fis, ne
» m'échappa pas. Je fus la premiere à
» en rire. Cette franchise plut, & l'on
» m'épargna.

» Les femmes qui n'avoient plus de
» raisons de jalouse mon visage, furent
» les premieres à le tolérer. Pour la
» premiere fois, elles me marquerent
» de l'intéret, & j'eus la consolation,
» en perdant des agrémens, d'acquérir
» un grand nombre d'amies. Le même
» sort vous attend : que le courage que
» je montrai alors, soutienne le vôtre.

» Croyez-moi , prenez le même parti.

Je promis à cette femme de l'imiter dans sa philosophie, c'est-à dire , de me montrer sans honte , & d'épuiser sur mon visage , tous les Iazzis & tous les sarcasmes possibles , pour prévenir ceux des autres. Vous savez comme j'ai tenu parole. Je l'assurai en même temps que , je me garderois bien de prendre la même parure ; que la recherche en pareil cas , ajoûtoit à la laideur , & qu'il me restoit trop d'amour-propre , pour ne pas essayer de me sauver par la plus grande simplicité.

Ce fut à Ausch , que j'appris que j'avois un bouton de petite verole dans l'œil. Jusques-là j'avois cru l'inflammation causée par une fluxion. Je me munis d'ordonnances que je n'observai pas, quoique je les fisse renouveler par toutes les Villes où je passois.

Je partis d'Ausch le 11 , pour aller coucher à Toulouse. J'y serois arrivée d'assez bonne heure pour voir un très-

beau pont sur la Garonne, & de nouveaux Quais qui, à ce qu'on dit, pro-
duifent un effet fuperbe. J'aurois, dis-
je, en paffant vu l'un & l'autre, fi je
fuffe arrivée à fix heures, comme je
devois; mais un Maître de pofte que
je maudis encore, me donna de fi
mauvais chevaux, en partant de l'Ifle
Jourdain, que je fus près de quatre
heures à faire une pofte & demie; encore fus-je obligée de prendre des chevaux de roulier à moitié chemin, pour
me conduire à la pofte fuivante.

Touloufe eft fituée dans une agréable pofition, entourée de beaux villages, de beaucoup de petites Villes, &
d'une grande quantité de jolies maifons
de campagne, dont la plupart cependant font privées de jardins; la raifon
& l'intérêt des propriétaires leur faifant préférer des récoltes à des bof-
quets.

En partant de Barège, il m'avoit été
particuliérement recommandé de voir

l'Eglise des Dames Maltaises ; je devois
voir aussi le caveau des Cordeliers, qui a
la propriété de conserver les corps morts
dans leur entier. On y montre celui de
la belle *Paule*, qui de son tems étoit si
belle, qu'elle ne pouvoit paroître sans
être suivie. Comme elle étoit aussi modeste que belle, pour éviter des regards
dont elle étoit toujours embarrassée ;
elle prit le parti de sortir rarement.
Cette prudence fut la source de mille
accidens. Le desir de la voir s'accrut
avec la difficulté ; c'est assez l'usage ; de
maniere que quand elle étoit obligée
de se montrer, la foule étoit si considérable, qu'il en résultoit toujours quelque malheur.

Le Parlement de Toulouse s'assembla
à ce sujet. Le résultat de la délibéra-
tion, fut un Arrêt qui obligeoit la belle
& modeste Paule à se montrer une fois
par semaine au peuple, dans un lieu
qu'on lui désigna, lequel étoit assez
vaste pour contenir la multitude : Arrêt

qui fut exactement obfervé jufqu'au moment de fa mort , qui arriva à la fleur de fes jours.

Voilà le récit qu'un Hiftoriographe mal inftruit m'a fait fur le compte de la belle *Paule*. En apprenant ce trait de fagacité du Parlement de Touloufe , je regrettai la fuppreffion du Confeil Supérieur de C... créé en 1771 , & fupprimé en 1774. Comme il ne cédoit en rien à cette premiere Cour, pour le génie ; il auroit pu rendre auffi un Arrêt qui , en m'obligeant de me montier au peuple, eût été un exemple frappant des viciffitudes auxquelles un joli vifage eft fujet. La Société auroit pû y gagner: les Belles euffent été moins fiéres. Si les femmes ne comptoient pas tant fur leur beauté , elles s'occuperoient plus férieufement d'une amabilité qu'elles n'ont pas toujours. Que de belles chofes je pourrois dire à ce fujet ! Et on les croiroit aifément ;

mais fi je révélois les fecrets de mon fexe, il me croiroit piquée.

Revenons donc aux objets importants qu'on m'avoit recommandé de voir en paffant à Touloufe. De ce nombre étoient la Place Royale, le Capitole, ou Hôtel-de-Ville, & les promenades. Au lieu de cela, je n'ai vu que le *Grand Soleil*, (*) qui ne m'a point éblouie.

LETTRE XLI.

La Même, au Même.

Paris, 8 Novembre.

LE 12, en allant à Carcaffonne, je paffai à Caftelnaudary, ville affez confidérable du haut Languedoc, fituée fur une éminence près du Canal. Il y a un petit port & un baffin affez confidérable : ce baffin fert de rade aux vaiffeaux.

(*) Nom d'une Auberge.

Le Canal Royal , ou Canal du Languedoc, projetté, dit-on, sous Charlemagne, commencé en 1666, par ordre de Louis XIV , executé par Mr. Riquet, & fini en 1681, est un ouvrage admirable. Il commence à Cette , petit port de la Méditerranée, situé entre Montpélier & Agde, & se perd dans la Garonne, un peu au-dessous de Toulouse. Il traverse la partie Méridionale du Languedoc. Il peut avoir 65 lieues de long sur 30 pieds de large. Ce qu'il offre de plus extraordinaire, est une voute pratiquée dans une montagne formée par des rochers très-durs que l'on a percé , & sous laquelle passe ce Canal. Quelque chose encore d'assez étrange est une riviere traversée par ce Canal, directement où il y avoit un pont , lequel sert de lit aujourd'hui au canal. Etant à Castelnaudary , j'ai bien regretté de n'être point en état d'aller à S. Fériol, pour voir le bassin ou réservoir qui fournit de l'eau au Canal. Des éclufes pofées de diftance en diftance, facilitent la remonte des bateaux. Sans cela elle feroit impoffible. Je ne vous ferai point la defcription de ce réfervoir ; peut-être ai-je été trompée dans ce que j'en ai appris ; & d'ailleurs cette defcription paffe mes forces.

Avant de continuer ma route, il faut vous parler des chemins du Languedoc, qui font fans contredit les chemins les plus beaux du Royaume. Trois raifons y contribuent ; l'égalité du terrain, la dureté du fol & la férénité du Ciel. Quoique ces chemins ne foient point plantés, ils font très-agréables par les plantations de Peupliers, de Muriers, & d'Oliviers, qui fe trouvent dans les champs.

Le 13, j'allai coucher à Beziers. Avant d'y arriver, je paffai devant Narbonne, ville confidérable où je n'entrai point, la pofte étant dans les fauxbourgs. On y trouve les ruines de plufieurs édifices Romains.

Beziers, connu par sa charmante situation & la pureté de son ciel, offre des points de vûe très-intéressans. De la maison des Chanoines Réguliers, qui se trouve au haut de la colline sur laquelle la Ville est bâtie, on voit très-bien les écluses du Canal. On trouve ordinairement à Béziers, des huîtres pétrifiées d'une grosseur prodigieuse. Je priai l'hôte de l'auberge où j'étois descendue, de m'en procurer ; mais il me répondit dans son patois, que j'eus bien de la peine à entendre, que depuis que le Roi avoit envoyé à la guerre les Pêcheurs dont il avoit fait des Matelots, cette pêche étoit abandonnée. Ce fut dans cette partie du bas Languedoc, où je me trouvai pendant mon voyage, le plus dépaysée, tant par la chaleur dont j'étois tourmentée au 14 d'Octobre, que par la différence des productions. Des forêts d'Oliviers, des Vignes dont le raisin ne ressemble point au nôtre, jusqu'aux herbes, tout

me parut nouveau. Les mauvaifes terres qu'on ne peut cultiver, étoient
couvertes de lavande, de thym, d
romarin, d'origan, & de mille aro
mates qui parfumoient l'air. D'autre
étoient remplis de tamaris, petit ar
bufte que l'on cultive dans nos jar
dins.

LETTRE XLII.

La Même, au Même.

Paris, le 9 Novembre.

J'ARRIVAI le 14 à Montpélier ; j'y
féjournai le 15. Ce jour fut confacré,
malgré l'état cruel où j'étois encore,
à vifiter une partie des chofes intéref-
fantes qu'offre cette grande Ville. J'e
vis même qui ne méritoient pas la pein
que je pris de les aller chercher. D
ce nombre je dois mettre les Eglife
des Pénitents gris, noirs &c. les cata
combes des Carmes, la prétendue fa

rade de S. Côme qui n'en préfente point,
& qui d'ailleurs eft placée dans une rue
trop étroite pour qu'on puiffe la juger.
Toutes les rues à l'exception de la rue
neuve, ayant le même défaut, & n'étant
pas alignées, on ne fait ufage que de
chaifes à porteurs. Je dinai chez une
femme que j'avois vû à Barège ; l'après-
midi fut employé à voir le Jardin Royal,
& la place du Peyron. Cette place fituée
hors la Ville , fur une eminence, offre
les beautés qui lui font particulières :
elle eft ornée de belles grilles, elle eft
bordée à droite & à gauche par des ba-
luftrades,& en face par un acqueduc fait
pour être fuperbe, fi des confidérations
particulières, qui ne devroient point
avoir lieu dans des monumens publics ,
n'euffent empêché qu'il ne fût droit :
au centre de la place eft un château
d'eau en forme de pavillon, avec des
portiques qui foutiennent un balda-
quin , architecture beaucoup trop lourde pour le lieu. Des colonnes euffent

produit un meilleur effet. Au milieu de ce pavillon eft un réfervoir qui, par le moyen des cafcades, fournit de l'eau à un baffin placé au-deffous : deux efca- liers conduifent à ce pavillon : à côté on en trouve un troifieme ; il defcend dans une promenade plantée au bas de cette place ; mais fon plus bel orne- ment eft une Statue équeftre de Louis XIV, de *Coifevox*, entourée, à une cer- taine diftance, de piédeftaux d'un beau genre, faits pour recevoir les hommes illuftres du fiécle de Louis XIV. Cette place, couverte de beaux gazons dont on entretient la fraîcheur à force d'eau, eft la promenade la plus fréquentée, malgré le foleil dont on eft devoré à toute heure. L'afpect en eft unique. On y voit à la fois la ville, fur la- quelle on domine, une porte ou arc de triomphe qui eft en face, dont l'ar- chitecture eft fuperbe ; une plaine char- mante ; l'acqueduc, qui peut avoir une demi-lieue ; la mer, fur laquelle on dif- tingue

tingue fans lorgnette, des barques de pécheurs; les Pyrénées & les Alpes.

Le Jardin Royal ou jardin des plantes, fert auffi de promenade publique. Il eft divifé en deux parties: l'une qui eft confacrée à l'étude de la Botanique, eft fermée; on n'y entre point fans permiffion. L'emplacement eft vafte; mais je n'ai point été contente de la maniere dont il eft tenu; il n'eft pas non plus auffi riche qu'il pourroit l'être. L'autre, abandonné aux promeneurs, n'eft fréquentée qu'au printems. Dans les grandes chaleurs on y manque d'air; effet produit par l'inégalité du terrain, par la petiteffe des allées, par la quantité d'arbres, & par le genre de plantations qui pourroit réuffir dans un jardin particulier, mais qui n'eft point affez noble pour un Jardin Royal.

L'Intendance eft une belle maifon; elle eft fituée fur une petite place en triangle, au milieu de laquelle, & en face de l'Intendance, eft une très belle fontaine, que l'on doit à M. de Saint-Prieſt , Intendant du Languedoc : auſſi pour l'en remercier, y a-t-on placé ſes armes.

Montpellier eſt connu pour ſon commerce de vert-de-gris. Je ne fus pas curieuſe d'en voir la fabrique , par la crainte d'en reſpirer la vapeur ; mes ſens étoient encore trop délicats pour en courir les dangers. Je me ſouvenois de la leçon du matin. J'avois été dans une boutique de Parfumeur, où par la force & la multiplicité des odeurs, j'avois penſé perdre le peu de tête qui m'étoit reſté. Après mes courſes, je paſſai deux heures dans la maiſon où j'avois dîné ; on m'annonça un ancien Mouſquetaire, que j'avois connu autrefois : il me conta une hiſtoire arrivée à M. de Tourvel l'année dernière. Comme vous connoiſ-ſez le héros, elle doit vous divertir.

On eſt tout étonné qu'un homme ſi grand prétende ſe cacher. Il n'eſt d'ailleurs plus d'âge à jouer à des jeux d'enfant : à cinquante ans , avec une taille énorme , les tours de page ne réussissent pas ; aussi celui-ci l'a-t-il rendu la fable de sa province.

M. de Tourvel, pendant un hiver qu'il passa chez lui il y a environ deux ans, devint amoureux de Madame de Belcourt, petite femme aussi jolie qu'inconséquente. Ses sentimens tendres furent payés de retour : bientôt il fut heureux. Le printems arriva. Sans renoncer au bonheur, il fallut s'éloigner de Madame de Belcourt : on croit que M. de Tourvel eut le ridicule d'exiger une constance éternelle. On ignore si Madame de Belcourt se méconnut jusqu'à la promettre ; ce dont on est sûr, c'est qu'elle fut assez foible pour y manquer.

Aussitôt que le service de M. de Tourvel le lui permit, il demanda un congé ; mais ce ne fut point dans la même année. Il manda à Madame de Belcourt son retour. Comme elle ne

s'étoit pas refroidie dans les langueurs
de l'absence , dont elle avoit permis
qu'on adoucît l'amertume, elle partagea avec son ancien amant, le plaisir de
cette nouvelle. Soit inconstance , soit
que véritablement elle l'aimât mieux
qu'un autre, ou bien encore le desir
d'acquérir un degrè de plus de célé-
brité que lui promettoit le caractere
inventif & peu discret de M. de Tourvel , pour les intrigues, elle s'abandonna à lui de nouveau & sans restriction
pendant tout un hiver ; terme le plus
long que M. de Tourvel pût lui donner.
Comme il lisoit les Affiches de sa province, il sut qu'à la porte de la Ville,
il y avoit une petite maison à louer :
pour faciliter & accélérer leurs plaisirs,
Madame de Belcourt fut chargée d'en
passer le bail secrétement. M. de Tourvel moins en amant pressé , qu'en homme sensé , fit la route à petites journées, sans doute pour arriver plus frais.
On avoit calculé l'instant du retour.

C'étoit dans la petite maison que la reconnoiffance devoit fe faire. Au dernier village, M. de Tourvel laiffa fa
voiture & fes chevaux, & fe rendit à
pied à l'endroit défigné. Madame de
Belcourt l'avoit prévenu. Je ne parle
point de leur entrevue : c'eft le cas
d'ailleurs où un Auteur modefte doit
tirer un voile bien épais. Soit que Madame de Belcourt n'eût pas fait de même
pour arriver au rendez-vous, ou qu'elle
eût été devinée, par une fatalité attachée aux amans, des jaloux ou des méchans qui la virent entrer, eurent la
noirceur d'imaginer qu'elle ne feroit pas
long-tems feule. Ils guéterent, & bientôt leur foupçon devint une certitude.
Le nom même de M. de Tourvel, malgré l'éloignement où l'on devoit le fuppofer, ne leur échappa pas; obligation
qu'il eut à fa grande taille, car il avoit
pris des précautions bien fages pour s'y
rendre: non-feulement il étoit vêtu d'une
redingote uniforme ; mais crainte de s'é-

garer, il avoit fuivi la grande route.

Laiffons-là fon coftume & fes précautions : à peine jouiffoient-ils du bonheur attaché à leur réunion, que les efpions voulurent fe divertir. Ils ameutèrent le quartier fous prétexte d'avoir entendu du bruit dans cete maifon, qui depuis long-tems n'étoit point habitée. La foule s'affembla, & fur le filence qu'on avoit gardé à plufieurs coups répétés qui avoient été frappés à la porte, on fe difpofoit à l'enfoncer ; quand Madame de Belcourt crut plus prudent de s'y montrer pour empêcher des perquifitions qui euffent fait découvrir M. de Tourvel dans un coin où il s'étoit caché. Elle mit tout le bruit fur fon compte, & dit, en s'efforçant de rire, qu'elle avoit voulu fe divertir de l'inquiétude que cette plaifanterie occafionnoit ; qu'elle étoit elle-même le voleur, & qu'elle répondoit de tout. Après cette courte harangue, elle referma la porte. La foule raffurée bientôt fe

diſſipa. Les méchans firent ſentinelle juſqu'à la fin ; auſſi virent-ils ſortir Madame de Belcourt, & quelques minutes
après, M. de Tourvel, qui regagna ſon
village. Le lendemain il remonta dans ſa
voiture, pour ſe rendre à A... où il
auroit eu l'air d'arriver pour la premiere fois, ſi le bruit de l'avanture de
la veille ne l'eût précédé. Rien n'étoit
ſi plaiſant que ſon abord froid & gra-
ve, en oppoſition à toutes les figures
riantes qu'il rencontroit, & qui le féli-
citoient d'une maniere toute particu-
liére ſur ſon retour heureux. Quelque
tems après ils recommencerent la mé-
me ſcène ; mais elle eut des ſuites plus
fâcheuſes: le Mari s'en méla & vint re-
chercher ſa femme, qu'il n'a pas voulu
revoir depuis.

LETTRE XLIII.

La Même, au Même.

LE 15, j'arrivai pour dîner à Nismes : je passai le reste de la journée à examiner les superbes antiquités qui y subsistent encore. Comme je n'y connoissois encore, j'envoyai une lettre de recommandation que j'avois, au Particulier à qui elle étoit adressée. Il me fit répondre qu'il alloit passer chez moi dans la minute. Je l'attendis, non sans impatience, près de deux heures ; & craignant de perdre encore un tems précieux destiné à mon instruction, je me déterminai à sortir seule. J'entrai dans la cuisine où j'avois vu en passant, une grande fille de bonne mine, à qui je proposai de me servir de Guide. Cette fille me répondit qu'elle étoit à mes ordres. J'entendis en même tems

une autre voix qui me demanda la préférence. Je vis aussitôt au travers de
mon voile, un jeune Officier, d'une
figure agréable, qui vint à moi obli-
geamment me prier de lui permettre
de m'accompagner. Je ne répondis que
par des remercîments. Comme il in-
fiftoit d'une maniere preffante, je lui
dis en riant: non, Monfieur, je ne
veux point faire de cette promenade »
une fcéne du bal de l'Opéra. Je fuis
mafquée, & vous ne vous pardonne-
riez jamais la peine que vous auriez
prife, fi vous me voyez à vifage découvert.

Comme il infifta avec toute la politeffe d'un Chevalier Français, je pris
fon bras; il me conduifit aux arênes, au
haut defquelles j'eus le courage de monter, quoique le dépôt de ma jambe
ne fût point encore fermé. J'y parvins
par un efcalier affez mauvais, qui cependant avoit été raccommod. lors du
paffage de Monsieur.

L v

Ce monument plus curieux qu'agréable, n'est que dégradé. Il subsiste presque en entier. Les portiques placés autour de l'amphithéâtre sont soutenus par des colonnes dont on distingue encore les ordres. On oublia de me conduire dans les souterrains où j'aurois trouvé la *Fosse aux Lions*, les cachots destinés aux malheureux condamnés à lutter contr'eux, & beaucoup d'au·res horreurs, dont j'aurois vu avec plaisir l'inutilité. Je fus bien étonnée de la permission que les Officiers Municipaux de la ville de Nîmes ont donnée de bâtir au milieu de l'Aréne : elle est remplie de maisons. C'est un monument de l'antiquité qui devroit étre respecté.

Des Arénes, nous nous rendîmes à la Fontaine par les dehors de la Ville : rien n'est aussi beau qu'eux, si ce n'est la Fontaine. Avant d'y arriver, je suivis dans toute sa longueur une superbe rue au milieu de laquelle est un canal. Des deux côtés sont des quais plantés

(251)

d'arbres & ornés de maisons charmantes. Le canal est rempli des eaux de la Fontaine; il en fournit à son tour aux fossés de la Ville, qui n'en reçoivent que de lui. Ces eaux n'ont plus d'écoulement; ce qu'il est aisé de remarquer par leur couleur. Elles sont presque blanches par la quantité de savon qu'on y emploie journellement pour nétoyer le linge.

La Fontaine commencée par les Anciens, continuée par les Modernes, de qui sont tous les ornemens, ne sera jamais finie. Pour qu'elle fût dans sa perfection, il faudroit achever un double escalier à peine ébauché, qui conduiroit au haut de la montagne contre laquelle la Fontaine est appuyée. Sur le sommet de cette montagne, on voit les restes de la Tour *Magne*, qui remplissoit jadis deux objets, en servant à la fois de prison & de phare.

Mais redescendons à la Fontaine, dont j'ai apprécié les beautés sans être en état

de les rendre. Pour en hazarder la defcription, il faudroit employer les termes de l'art, dont je ne connois que
les principaux. A fa droite eft un vieux
Temple de *Diane*, mais fi vieux, que
je n'y vis que des ruines. Les vérita-
bles connoiffeurs y trouvent encore
des beautés. Cette Fontaine fait partie
d'une belle promenade. En face de cet
édifice eft une allée à perte de vue, qui
termine agréablement l'optique. L'allée
n'eft féparée de la promenade que par
une grille.

La Fontaine de Nîmes eft le monument dont j'ai été le plus agréablement flattée. Les amateurs d'antiquités font plus de cas de la *Máifon
quarrée*, morceau d'architecture qu'ils
placent au deffus de tous les chef-d'œu-
vres que nous ont laiffé les Romains.
J'étois trop fatiguée pour m'y rendre ;
je fais feulement que de fes fuperbes
reftes décorent aujourd'hui l'extérieur
d'une petite Eglife au-deffous du médiocre.

Pour regagner mon hôtel, nous sui-
vîmes toujours les dehors de la Ville;
mais d'un autre côté. Je paſſai ſur l'eſ-
planade, qui me parut Lelle : quoiqu'elle
ait la vogue, elle ne ſeroit point ma
promenade ; je crains les ardeurs du ſoleil, dont elle n'eſt pas défendue.

De retour chez moi, mon Guide,
dont j'avois été fort contente pendant
la promenade, me propoſa différents
moyens de paſſer la ſoirée ; il me donna le choix entre la muſique de ſon
Régiment, qui étoit en garniſon à
Nîmes, ou une partie de jeu avec
quelques-uns de ſes camarades. Je le
remerciai. J'avois beſoin de repos, &
il me laiſſa ſeule.

A quatre lieues de Nîmes, du côté
du Pont-St-Eſprit, ſe trouve le fameux
Pont du Gard, ouvrage des Romains:
ſa conſtruction eſt trop étrange pour
ne point en parler. Ce ſont trois ponts
l'un ſur l'autre, appuyés par l'un des
bouts, contre une montagne. Comme

cette montagne n'étoit point à pic, le second pont, pour l'atteindre, est plus long que le premier de trois arches ; le second en a dix, & le premier, sept ; calcul qui ne seroit pas juste, si les arches n'étoient pas d'égale grandeur. Le troisieme pont, ou le plus élevé, ne ressemble point aux deux autres. Ses arches sont plus petites & beaucoup moins élevées ; aussi en compte-t-on trois pour une des autres, ce qui fait vingt-neuf ou trente au total. Ce bel Ouvrage n'étoit point destiné à faciliter les communications : les voitures n'y passoient pas ; c'étoit un acqueduc qui fournissoit de l'eau à la Ville de Nîmes avant la découverte de la Fontaine, & qu'on a laissé détruire depuis. Contre le premier pont, & à sa hauteur, on en a construit un nouveau, sur lequel les voitures passent aujourd'hui.

LETTRE XLIV.

La Méme, au Méme.

Paris le 12 Novembre.

LE 16 , j'allai coucher au Pont-S.-Efprit. Je defcendis chez le Commandant. Le lendemain il me donna à dîner avec M. de Berfolles, Capitaine d'Infanterie. Quand il fut retiré, on m'apprit de lui un beau trait, que je vais vous conter.

M. de Berfolles étoit dans les Ifles depuis plufieurs années avec fon Régiment ; il obtint un congé pour repaffer en France, où des affaires preffées le rappelloient. Il s'embarqua fur un vaiffeau marchand avec plufieurs paffagers. Le vent qui d'abord fut favorable, ne tarda point à changer : ce fut le prélude du plus affreux naufrage. Je ne vous en ferai point la description ; on en trouve par-tout ; elles se ressemblent.

Le bâtiment qui avoit beaucoup souffert par la violence de la tempête, faisoit eau de tous côtés, ses mâts étoient brisés, tout annonçoit le danger le plus imminent, quand le Capitaine, pour s'y soustraire, fit amener la chaloupe, où les plus alertes s'empresserent de le suivre. De ce nombre fut un Négociant François. Il avoit avec lui une femme aimable & intéressante pour tout autre que pour son mari. La position de cette femme ajoutoit encore aux sentimens qu'il auroit dû avoir pour elle ; bientôt elle devoit être mere. Eh ! bien, ce monstre au lieu de s'occuper des moyens de la sauver, fut le premier à sauter dans la chaloupe.

Comme le Capitaine donnoit des ordres pour faire couper le cable qui la retenoit au vaisseau, le Négociant se ressouvint de sa femme ; il lui fit à haute voix les plus tendres adieux ; il plaignit son sort, lui donna des conseils ; il l'assura du plaisir qu'il auroit à la revoir, si, par un miracle inespéré, elle échappoit à ce péril. Elle ne répondit que par des cris, éperdue, les bras étendus vers le ciel, elle regrettoit encore le lâche qui l'abandonnoit ; ses cris ne cessèrent que quand il ne put plus l'entendre. A cet état violent succéda une douleur profonde : elle étoit sans parole, sans mouvement, quand M. de Berfolles, touché de son sort, après l'avoir rappellée à la vie, lui promit de faire ses efforts pour la lui conserver. » Calmez-vous, lui disoit-il, » je sais nâger ; ayez quelque confiance, » & je ne désespere pas de vous sauver. » J'ai formé un projet, & sans perdre » de tems à l'expliquer, je cours en » entreprendre l'exécution. «

M. de Berfolles avoit avec lui un enfant, un petit Negre qu'il aimoit beaucoup, & qu'il desiroit de sauver aussi.

Il détacha deux cages qu'il trouva à chaque extrémité du bâtiment , dans lef-
quelles on enfermoit la volaille. Il
ammarra cette femme avec fon petit
Nègre fur une des cages ; il s'affied fur
l'autre, & les met toutes deux à la mer,
après avoir eu foin d'attacher à la fienne
une corde que fa malheureufe compagne ne devoit jamais abandonner. Le
rivage étoit trop éloigné, on ne pouvoit l'atteindre : toute leur efpérance
pour éviter une mort qui paroiffoit
certaine , étoit dans la rencontre de
quelque vaiffeau.

Les deux premiers jours fe pafferent ,
& ils ne virent rien. Quel étoit leur
défefpoir ! Le matin du troifieme, ils
eurent une lueur d'efpérance ; mais
elle paffa comme l'ombre : ce qui les
rendit encore plus malheureux. Enfin,
ils apperçurent un vaiffeau. M. de Berfolles détacha fon mouchoir , qu'il avoit
mis autour de fes reins pour mainte-
nir des papiers de la plus grande im-

portance ; il fit des fignaux qui furent
apperçus , mais on ne put le fecourir.
Le bâtiment commençoit à faire eau ,
& le moindre retard pouvoit perdre
l'Equipage. Vers le milieu de ce jour,
la femme du Négociant épuifée de befoin , de craintes & de fatigues , en
perdant connoiffance, abandonna la corde dont auroit pu dépendre fon falut.
M. de Berfolles s'en apperçut ; il voulut la fuivre ; mais fes forces qui commençoient à l'abandonner auffi, ne le
lui permirent pas. Il voguoit au milieu
de cette plage, qui pour lors étoit auffi
tranquille que fa belle ame l'étoit peu.
Il foupiroit en fongeant à la mort qu'il
croyoit ne pouvoir plus éviter , quand
il apperçut un autre bâtiment. Le defir
de vivre ranima fes efprits : il eut la
force de faire de nouveaux fignaux ,
auxquels on répondit en lui envoyant
une chaloupe. Hélas! il étoit tems encore. Le plaifir qu'il éprouva dans ce
moment, lui devint funefte ; le paffage

étoit trop rapide pour qu'il pût le fup-
porter ; un long évanouiſſement en fut
la ſuite. Il ne recouvra ſes ſens que par
les ſoins qu'on lui prodigua dans le
vaiſſeau.

En ouvrant les yeux, la premiere
penſée de M. de Berſolles fut pour
l'être intéreſſant & malheureux dont il
étoit ſéparé depuis quelques heures :
il implora pour elle les ſecours qu'il
ne pouvoit lui donner : » une malheu-
» reuſe victime du ſort, compagne d'un
» enfant également infortuné, expirent
» peut-être en ce moment ; ſecourez-
» les ; hélas ! je crains qu'il ne ſoit plus
» tems. « Il n'ajouta rien à ces mots ; il
retomba ſans connoiſſance. Depuis trois
jours il n'avoit pas mangé. L'épuiſe-
ment étant ſon plus grand mal, avec
des cordiaux prudemment adminiſtrés,
on le rappella à la vie ; & après quelques jours de ménagement, il ſe portoit parfaitement bien.

Il n'en fut pas de même du couple

qu'il auroit voulu fauver. La chaloupe qu'on leur avoit envoyée ne fut pas long-tems fans les rencontrer ; mais ils étoient morts tous les deux. M. de Ber-folles , en apprenant cette fâcheufe nouvelle , ne put leur refufer des lar-mes Il conta ce qu'il avoit fait pour eux. L'eftime générale fut fa récom-penfe. Adieu.

LETTRE XLV.

La Même , au Même.

Paris le 14 Novembre.

LE PONT-SAINT-ESPRIT eft une très-petite ville ; fa pofition eft affez jolie ; fon Pont fur le Rhône , dont on parle beaucoup , mérite fa réputa-tion. Le peu de bonne compagnie qui habite cette ville, formant deux fac-tions , rend le tout très-mauffade. Le

Commandant détestant Madame de Montférat, il me parla des prétentions de cette Dame, de son peu d'usage du monde, de son esprit caustique, de sa jalousie, des intrigues de son mari, &c.

Madame de Monférat, qui aime à causer, ne me laissa point ignorer à son tour les défauts qu'elle trouvoit au Commandant. C'est, me dit-elle, un homme froid & faux. Sa lenteur m'assomme. Il est lié avec deux femmes, qui ne sortent pas de chez lui. Celle que vous voyez, qui a des prétentions à la belle taille, n'a pas 800 liv. de rente. Eh ! bien, c'est la femme la mieux mise du pays. D'abord cela étonna : à présent on sait à quoi s'en tenir. Vous vous imaginez bien que c'est celle qu'il préfère. --- Je n'imaginois rien. Toutes ces histoires d'un pays qu'on ne connoît point & qu'on ne doit jamais revoir, sont fort indifférentes : mais comme il eût été malhonnête de marquer à Madame de Montférat de l'in-

fouciance fur des faits qui l'intéref-
foient, je fus toujours de fon avis: c'é-
toit le feul moyen d'abréger la converfation.

Le Pont Saint-Efprit eft l'image des
petites villes, où la plupart des babi-
tans n'ayant ni plaifirs ni affaires, fe
déchirent par paffe-tems, fe jaloufent
& fe haïffent fans raifon. Auffi leurs
querelles ne font pas de longue durée :
les factions fe rapprochent, les enne-
mis fe réconcilient pour tomber fur le
premier citoyen , qui n'aura vis-à-vis
d'eux d'autre tort qu'un moment de
profpérité , dont peut-être il n'abufera
pas. Mais être heureux, ou au moins
en avoir l'air, eft un tort impardonna-
ble aux yeux de certaines gens.

Le 18, je n'arrivai qu'à une heure
du matin à Valence, ayant manqué ce
jour-là de chevaux prefque dans toutes
les poftes. Le lendemain j'en partis de
bonne-heure, malgré cela, je ne pus
aller qu'à Saint-Symphorien-d'Ozon,

qui eft à quatre lieues de Lyon. Vous imaginez bien que je ne vis rien à Valence, pas même la Cathédrale, qu'on dit belle. A cela près, Valence, refpectable par fon antiquité, n'offre rien d'agréable.

Montélimard où j'avois paffé la veille, Vienne, que je traverfai le 19, me parurent des villes horribles, les rues étant étroites, de travers, & les maifons mal bâties. La Cathédrale de Vienne eft très - belle, quoique très-gothique. Elle vient d'être décorée du maufolée du Cardinal d'Auvergne, qu'on vante beaucoup. Je paffai devant cette Eglife, dont l'élévation m'étonna. Des embarras occafionnés par le peu de largeur des rues, me laifferent le tems d'examiner des façades d'anciens Temples Romains. En arrivant à Vienne, à une très-petite diftance de la ville, je vis fur la gauche le tombeau d'un Empereur. Des gens mal inftruits auxquels je m'adreffai, ne purent m'en dire le nom. Saint-

LETTRE XLVI.

La Même, au Même.

Paris le 14 Novembre.

SAINT-SIMPHORIEN-D'OZON n'é-
tant qu'à quatre lieues de Lyon, j'y
arrivai le 20 à dix heures du matin. Je
me sus bon gré d'avoir attendu le jour
pour m'y rendre ; autrement j'aurois
été privée de la vue des environs.

Le Lyonnois est une très-petite province séparée du Dauphiné par le
Rhône. Un des fauxbourgs de Lyon
dépend même de cette Généralité. En
venant de Vienne, depuis les deux
dernieres postes, la rive gauche du
Rhône, qui appartient au Lyonnois,
est couverte de charmantes maisons de
campagne, bâties sur une chaîne de
montagnes, qui bornent un des côtés

M

de la ville, tandis que la plaine Dau-
phinoife, qui fe trouve à la droite du
fleuve, eft un défert. La pofition de
cette capitale & des campagnes dont
elle eft entourée, eft délicieufe.

Lyon , la plus grande ville du
royaume, après Paris, eft fans contredit une des plus belles & des plus flo-
riffantes. *Séneque* dit que cette Cité étoit
la plus commerçante des Gaules lors de
l'incendie total qu'elle éprouva par le
feu du Ciel, fous l'empire de *Néron*.
Cet Empereur donna une fomme confidérable pour la rebâtir. Son commerce rendit à cette ville fa premiere
fplendeur.

J'avois des lettres de recommandation qui eurent un fort plus heureux
que celle de Nîmes. Les perfonnes à
qui elles étoient adreffées, me firent
voir ce qu'il y avoit de plus curieux :
nous commençâmes par les quais : ceux
du Rhône fur-tout, font renommés.
Ces ouvrages, ainfi que la nouvelle

ville que l'on bâtit actuellement sur un terrain que l'on a gagné en éloignant le confluent du Rhône & de la Saone, sont des travaux admirables imaginés par le sieur *Pérache*, mort avant la perfection de son ouvrage. Une Compagnie y fait bâtir des moulins d'une si grande beauté, que l'on doute que le produit puisse jamais la dédommager. [a] Le lit actuel du Rhône, depuis le commencement de la nouvelle ville jusqu'à l'embouchure des deux riviéres, est bordé d'une allée fort longue de peupliers d'Italie, qui étoient encore verds comme au mois de Juin.

De l'autre côté du Rhône, en face

___

[a] J'ai appris que malgré toutes les dépenses qui ont été faites pour cet objet, on n'a jamais pu parvenir à faire mouvoir ce moulins, parce que l'eau qui forme le Cana n'a pas de chûte. Le Gouvernement s'occupe de faire combler & dessécher toute cette partie.

de la ville , est une jolie promenade en mûriers blancs , taillés en orangers , & plantés en quinconce dans un terrain très-vaste. Je traversai plusieurs fois la place de Bellecourt, au milieu de laquelle est une statue équestre de Louis XIV, du même Auteur que celle de Montpellier. On y voit aussi à droite & à gauche, deux fontaines d'un bon goût. Deux des façades de cette belle Place ont été établies aux frais du Prince pour lequel on érigea ce monument. Il en reste une troisieme à faire , qui paroît indispensable. La quatrieme est moins nécessaire étant cachée par quelques rangées d'arbres , qui forment une petite promenade.

Je vis aussi les Manufactures d'étoffes de soie , dont je n'avois pas d'idée. La fabrication des Velours fut ce qui m'étonna le plus. Je passai devant l'Hô_ tel-de-Ville, qui est un chef-d'œuvre en son genre : je n'en admirai que les dehors. Quoique les dedans soient beaux, je n'y entrai point : il faifoit trop fombre pour en diftinguer les ornemens. Je fus au fpectacle, dans une petite loge grillée. La Salle eft grande, belle, d'un genre noble. La Troupe eft bonne, & le Spectacle fort fuivi.

J'employai la matinée du lendemain à voir l'Hôpital & la Bibliothèque. Le vaiffeau de ce dernier monument eft un des plus beaux du royaume. Cette Bibliothèque renferme un grand nombre de volumes. Elle eft moins riche en manufcrits. Le Bibliothécaire m'en montra cependant de très - précieux. Elle eft placée fur un des quais du Rhône, ainfi que l'Hôpital, qui en eft peu diftant. C'eft fans contredit, la Maifon de charité la mieux adminif-trée. Il y a fouvent quatorze à quinze cents malades bien foignés, & qui ne coûtent rien au Roi. Les falles font vaftes, & les lits nombreux; de forte qu'il n'y a jamais que deux malades couchés enfemble. Pour y entretenir plus facilement la propreté, les lits font de fer & fans rideaux. Dans chaque falle il y a un petit nombre de lits à rideaux, qu'on ne peut occuper qu'en payant vingt fols par jour. Ils font toujours remplis. Il y a auffi des chambres particulieres, dont le loyer eft de 6 liv. par jour. Des gens honnêtes du pays, ou des étrangers qui tombent malades n'étant point confondus, ne fe font pas de fcrupule de s'y faire tranfporter.

Comme les Chirurgiens de cet Hôtel-Dieu font fort renommés, on vient s'y établir des extrémités de la province pour des opérations difficiles. On y eft parfaitement bien traité, tant dans la maladie, que dans la convalefcence. On a une Sœur pour garde ; la vifite des Médecins trois fois par jour. Les 6 liv. paient tout. Il feroit à defirer que dans toutes les grandes villes on imitât cet établiffement. Il ne faut pas oublier de vous dire que les falles générales font éclairées par un dôme auquel elles correſpondent. En tout, ce monument de charité eſt auſſi beau que bien adminiſtré.

L'Egliſe de S. Jean & l'Horloge m'avoient été recommandés : j'oubliai l'Egliſe, & je ne penſai à l'Horloge qu'en me rappellant celle de Tours, qui m'avoit été également vantée, & dont j'avois été ſi peu contente, que je ne voulus point riſquer d'être attrapée deux fois pour le même ſujet ; excuſe qui ne ſeroit pas valable, ſi l'état dans lequel j'étois, n'eût autoriſé toutes celles que la pareſſe pouvoit me dicter.

En ſortant de Lyon, je vis ſur la gauche Pierre-Ancife, ſituée ſur une montagne eſcarpée au pied de laquelle paſſe la Saone ; poſition qui ne permet guere aux priſonniers de ce Château de s'évader ; ce qui cependant n'eſt pas ſans exemple, tant la liberté eſt un motif puiſſant.

Mon projet avoit été de ſéjourner à Lyon : je ne pus prendre ſur moi de l'exécuter, le defir que j'avois d'arriver redoublant à mesure que j'avançois. J'en partis le 21 à une heure après-midi pour aller coucher à Macon, où j'étois à neuf heures. Comme la meilleure auberge est hors de la ville, mais à l'autre extrémité, j'entrevis une très-grande rue, qui, à la lueur de la lune, me parut bien bâtie. C'est tout ce que je vis. Le lendemain en me levant, je me mis à la fenêtre, & la vue me frappa : elle donnoit sur la Saone. A l'autre bord est un si beau village, que je le pris pour une continuité de la ville : on y communique par un superbe pont.

En arrivant à Châlons, sa position & l'apparence de quelques maisons qui font face à la Saone, m'en imposerent au point que je la pris pour une ville superbe ; mais en la traversant je fus bien détrompée : je ne m'y arrêtai point, ayant projet d'aller coucher à Beaune, où j'arrivai assez tard, & d'où je partis assez matin pour ne pas même m'informer de ce qu'il y avoit à voir.

LETTRE XLVII.

Le Même, au Même.

Paris le 17 Novembre.

LE 23 j'étois à Dijon à onze heures du matin. J'en employai deux à voir ce que cette grande ville offre de curieux. Elle me parut bien bâtie ; les rues y font larges , mais point affez longues. Sur les remparts, qui font beaux, il y a plufieurs maifons de plaifance bâties nouvellement & avec goût. La Statue de Louis XIV eft au milieu d'une des principales places.

L'Eglife de l'Abbaye de Saint Bénigne, ancienne & peu éclairée, renferme le corps de ce Saint, qui fut le premier Apôtre de Dijon, où il mourut martyr. L'Intendant de la province eft logé à l'Abbatiale.

M ⁂

L'Académie eſt un bâtiment neuf qui, indépendamment des ſalles néceſſaires à l'Aſſemblée des Académiciens, réunit un Cabinet de Phyſique, un d'Hiſtoire-naturelle, & un Laboratoire de Chimie..

Dans le Palais des Etats eſt la Salle deſtinée aux Ecoles de Peinture, Sculpture & Deſſin.

La Chartreuſe ſituée un peu au delà d'un des fauxbourgs de Dijon, eſt une des plus riches & des plus belles qui ſoit en France, & qui faſſe le meilleur uſage de ſes grands revenus. Au milieu du chœur de cette Chartreuſe, on voit deux ſuperbes tombeaux ; l'un eſt celui du Duc Philippe-le-Hardi, & l'autre celui de ſon fils le Duc Jean, & de Marguerite de Baviére ſon Epouſe : chacun d'eux repréſente la figure de ces perſonnages. Ces tombeaux ſont entourés de petites figures de marbre, qui peuvent avoir un pied & demi de haut. C'eſt une imitation du convoi de ces Princes. Elles font remarquables par leur expreſſion & par la vérité de leurs attitudes.

A une heure je partis de Dijon. Il faiſoit nuit quand j'arrivai à Thil-le-Châtel, premier village de Champagne. J'apperçus en y paſſant, des flammes qui m'inquiéterent. En avançant, ma peur fit place à l'attention qu'exigeoit la nouveauté du ſpectacle. Des femmes & filles de tout âge étoient rangées ſur des chaiſes le long du mur, où elles s'occupoient à préparer du chanvre, ce qui dans la province, où cette cul-ture eſt fort en uſage, ſe nomme *teiller*. Quoique les hommes fuſſent bannis de cette occupation nocturne, la gaité y régnoit, du moins ſi j'en juge par leurs chants. De jeunes gar-çons qui me parurent au-deſſous de douze ans, y étoient ſeuls admis, non pour partager les travaux, mais pour les faciliter, en entretenant des feux de diſtance en diſtance, qui ſervoient à

M vj

éclairer. Ces feux n'avoient d'autre aliment que de la paille ou chenevotte, qu'on féparoit du chanvre.

Je comptois coucher à Langres ; mais à la derniere pofte, je changeai d'avis fur une lettre de M. de J...., dont la campagne n'eft qu'à une demi-lieue : elle étoit remplie d'inftances fi vives pour aller m'y repofer, que je crus ne pouvoir m'en difpenfer. Il me reçut avec amitié, & il y mit toutes les graces dont vous le connoiffez capable. Je fis un fouper excellent ; je trouvai un lit délicieux, où je dormis une grande partie de la matinée. M. de J.... n'avoit pas permis qu'on m'éveillât ; mais il avoit écrit à M*** que j'arriverois vingt-quatre heures plus tard que je ne l'avois annoncé. Le refte du jour fut charmant. La Comteffe de Belville, dont les terres font dans le voifinage, y vint dîner avec fon mari. Depuis long-tems elle avoit promis à M. de J.... de lui raconter une partie de sa vie. Je fus assez heureuse pour que ma présence ne dérangeât point le récit ; & j'entendis avec un intérêt difficile à rendre, son histoire & celle de ses parents ; l'une tient à l'autre. Depuis mon arrivée, je me les suis rappellées, & dans mes momens perdus je les ai écrites. Je vais aujourd'hui partager avec vous le plaisir qu'elles m'ont fait.

Histoire de Sara , ou la Comtesse de Belville.

Quand les malheurs du Roi Jacques obligérent ce Prince infortuné à fuir des trois Royaumes, & à chercher en France un asyle qu'il ne trouvoit plus dans ses Etats, le petit nombre d'Anglois & d'Ecossois qui soutenoient son parti s'expatrierent également , pour mettre leur vie en sûreté ; les uns le suivirent à Saint-Germain; d'autres passerent dans le nouveau Continent, où ils vécurent long-tems sous la protec-

tion des Colonies Françoises & Hollan-
doifes. Williams Stell, Baronnet , fut
du nombre de ceux-ci ; avec les débris
de fa fortune , il forma un petit établiffement : il fut fage & heureux , fon
habitation profpéra.

Charles Spingler, qui avoit également embraffé le parti du Roi Jacques ,
s'étoit auffi réfugié dans une Colonie
Françoife, où il habitoit à quelque diftance de Williams, dont il étoit ami. Quoique Charles fût à la fin de fon automne,
peu d'années avant de quitter l'Ecoffe,
il avoit époufé Mifs Caroline Buttler ,
dont l'âge étoit très-difproportionné.
Sa raifon lui avoit fait partager fans
peine l'exil de fon mari , & elle vivoit
avec lui à Saint-Domingue , dans la
partie orientale qui appartient au Roi
de France , non dans les douceurs d'un
hymen afforti ; mais avec cette tranquillité d'ame qui fuit toujours la vertu.
L'amitié rempliffoit tout fon cœur ;
fes devoirs & les foins du ménage ab-

forboient tout fon tems ; elle ne demandoit point aux Dieux d'autre félicité : elle fut troublée.

Charles Spingler fut attaqué d'une
fievre brûlante, que fon tempéramment épuifé par l'âge, ne lui permit
pas de foutenir ; il fentit le danger de
fon état, recommanda fa femme aux
foins de fon ami, & le quinzieme jour
de fa maladie, il ferma les yeux pour
jamais, & defcendit tranquillement dans
le féjour des morts, que la pureté de
fes mœurs ne lui permettoit pas de
redouter.

Caroline perdoit un pere, un ami ;
elle fut bien affligée : pendant un tems
fa douleur ne lui permit pas de réfléchir fur fa pofition ; enfin fes yeux
s'ouvrirent, & malgré les foins de
Williams, qui redoubloient tous les
jours, elle apperçut le néant dont elle
étoit environnée ; le defir de rejoindre
fa famille & de retourner dans fa patrie, furent le réfultat de fes réflexions

elle en instruisit son ami, qui n'apprit pas sans peine le projet qu'elle avoit formé. Le Baronnet n'avoit point eu de société depuis son séjour en Am'rique, que celle de Charles & de sa femme; & le plan de cette derniere lui fit sentir toute l'amertume de sa position. L'homme est né pour la société; le départ de Caroline alloit l'en priver; & un être sensible ne peut être heureux, qu'autant qu'on partage & ses peines & ses plaisirs. Il devint sombre, mélancolique; son amie s'en apperçut: elle ne pouvoit lui proposer de la suivre; sa tête n'eût point été en sûreté. Caroline lui demanda ce qu'elle pouvoit faire pour adoucir sa peine? — Partager mon sort, fut la réponse de Williams, recevoir ma main & le serment que mon cœur forme depuis long-tems de vous rendre heureuse.

Caroline avoit perdu son pere, sa mere, elle n'avoit que des parens éloignés; le Ciel ne lui avoit point accordé d'enfant de fa premiere union ; elle ne tenoit point à fa patrie, dont elle étoit profcrite, par aucun des liens fi chers à des cœurs bien nés ; la propofition du Baronnet fut acceptée : peu de jours après le vertueux Stell reçut la main de Caroline, qui avoit alors vingt-deux ans ; fon mari en avoit trente. Cette union étoit trop bien affortie pour n'être pas heureufe : d'un côté la beauté, la candeur, l'amabilité ; de l'autre de la probité, de l'efprit & toutes les vertus fociales ; accords bien précieux quand ils fe rencontrent. Un fils fut le premier gage de leur bonheur. Trois ans s'étoint écoulés depuis fa naiſſance, & rien encore n'avoit altéré le cours de leur félicité.

Ce fut à cette époque que Williams traita avec un François, d'affaires relatives aux productions de l'Ifle. Rofemond, c'étoit le nom du François, avoit apperçu Caroline : il prolongea les marchés ; mais quand ils furent conclus, il essaya en vain de se lier avec la famille, qui, sous aucun prétexte, ne voulut répondre à des avances dont elle n'avoit pas même deviné le motif.

Rosemond étoit un cadet de Languedoc: s'il avoit reçu de ses aïeux un nom illustre, il n'avoit point également hérité de leurs vertus. Son pere dès l'enfance le destina à l'état ecclésiastique. Il passa une partie de sa jeunesse au Séminaire ; mais ses passions se développant avec l'âge, & aucun frein ne pouvant les contenir, ce Supérieur, qui *plaçoit ses devoirs* fort au-dessus des égards & des considérations de fortune, qui souvent font choisir aux parens & accepter aux enfants un état où la vocation seule devroit les conduire ; ce digne Prêtre n'hésita point à renvoyer Rosemond à son pere, qui, quelque mois après, le fit entrer au service. On lui donna une pension considérable : les premieres années il se contenta d'en manger le double.

Rosemond étoit joueur, & joueur inquiet & malheure ux; il eut plusieurs affaires. Pendant un hiver qu'il passa chez lui, ses parens voulurent le marier ; le parti étoit avantageux, mais il le refusa, parce qu'il étoit amoureux d'une Comédienne qui lui avoit promis d'être fidelle, même pendant son absence ; l'amour le ramena à sa garnison quelques jours avant l'expiration de son sémestre ; il trouva la belle dans les bras d'un nouvel amant : il blessa dangereusement son rival ; & quoique ce combat *se fût fait* d'après tous les principes du point-d'honneur, les Chefs de Corps qui redoutent autant les querelleurs, qu'ils méprisent les lâches, rendirent compte au Ministre de la derniere affaire de M. de Rosemond ; ils y joignirent leur avis, le peignirent comme un homme dangereux; ses dettes furent un second motif, & il fut renvoyé.

Rosemond appartenoit à une famille trop respectable, pour qu'après cette aventure, il osât la réclamer ; il craignit même qu'une lettre - de - cachet ne fût le juste effet de son ressentiment, & pour la prévenir, il se hâta de quitter le Royaume , emmenant avec lui l'actrice dont l'infidélité avoit avancé sa perte : ils s'engagérent tous deux dans une troupe , & jouérent la Comédie en Russie, où ils resterent quelque-tems. Soit que sa Pénélope le trahît encore , ou bien qu'il finît par s'en ennuyer , il quitta seul Moscou , & s'embarqua pour Amsterdam , d'où il se rendit à Saint-Domingue.

A peine y étoit-il arrivé , qu'une veuve vieille & riche, conçut pour lui de tendres sentimens. Rosemond eut l'air d'y répondre, & il l'épousa quelque mois après. La vieille lui assura peu ; mais elle lui promit beaucoup, en supposant toutefois que sa conduite l'en rendît digne. Elle fut malheureuse, mourut, & ne laissa à son mari que ce qu'elle ne put pas lui ôter.

M. de Rosemond fut moins sensible
à la perte de sa femme, qu'à celle de
sa fortune : les sentimens honnêtes n'é-
toient pas faits pour lui. Il ré lisa
50,000 liv. qui lui revenoient de Madame de Rosemond ; il employa cet
argent à acheter des productions du
pays, qu'il conduisit à Londres. Il les
vendit, fit de nouvelles acquisitions &
repassa à Saint-Domingue, où il s'en
défit avantageusement. Ces premiers
succès l'engagerent à suivre un état
dont le préjugé François éloigne les
Gentilshommes. L'Anglois a d'autres
principes ; lequel a raison ?

Rosemond qui n'avoit jamais discuté
ce qui convenoit à son rang, saisit avec
ardeur le moyen qui se présentoit de
s'enrichir ; & il s'y seroit livré tout
entier, si une autre passion ne fût venue traverser celle-là. Le desir de faire
une nouvelle pacotille, l'avoit conduit
chez Williams : il vit sa femme, & ne
songea plus qu'à elle. Il tenta diffé-

tens moyens de la voir, mais aucuns
ne réuſſirent. Les ſentimens de Williams Stell pour ſa femme & ſon fils,
ſuffiſoient à ſon cœur : Caroline pen-
ſoit de même ; & les affaires & la promenade rempliſſoient le reſte du tems.

Roſemond ne ſachant plus quel moyen
employer pour ſe lier avec Miſſ Caroline, imagina d'acheter l'habitation
qu'elle avoit laiſſé vacante par ſon ſe-
cond mariage. Il ſavoit que Williams
avoit voulu s'en défaire ; mais que le
prix avoit éloigné les acquéreurs. Il ſe
préſenta, accepta toutes les conditions,
conclut le marché, & s'établit à deux
mille de la femme qu'il aimoit & qu'il
cherchoit à ſéduire. Il ne négligea aucun moyen de la voir ; mais peu lui
réuſſirent. Le voiſinage cependant le
favoriſoit : il ne tarda point à en abu-
ſer. Un jour il trouva Caroline faiſant
le tour de ſon habitation. Elle n'étoit
ſuivie que d'une Négreſſe. Il la joignit.
Miſſ étoit trop vertueuſe pour éviter

Rosemond, & trop timide pour le congédier : il l'accompagna.

Une mauvaise tête ne calcule point, ou si elle s'en avise, ses réflexions sont presque toujours fausses : la conduite de Rosemond le prouve. Une marche lente étoit la seule qu'il eût dû tenir ; il la précipita ; & cette inconséquence fut la source de bien des peines. Peignez-vous la surprise de Caroline, à l'aveu d'un amour qu'elle n'avoit pas soupçonné, & que la sévérité de ses mœurs ne lui permettoit point d'écouter ! Peut-être traita-t elle Rosemond avec trop de hauteur. La vertu plaît & corrige quelquefois, quand elle n'est point trop austère ; mais le mépris irrite : Rosemond en fournit une preuve.

Après bien des reproches, quand il eut entendu de Miss l'ordre de fuir pour jamais sa présence, sa passion devint fureur, & il ne s'occupa plus que des moyens de la satisfaire & d'humilier Caroline. Il gagna un de ſes domeſtiques, qui l'inſtruiſit exactement de ſes démarches & de celles de ſon maître.

A quelque tems de là, Stell partit ſeul pour Léogane, où ſes affaires l'appelloient; il ne pouvoit en revenir que le lendemain, à cauſe de la diſtance. L'eſpion courut avertir Roſemond, qui ſe promit bien de mettre cette abſence à profit. Pendant le jour, il fit ſes diſpoſitions, & la nuit il arriva avec une chaiſe attelée de chevaux vigoureux, & ſuivi de ſix Nègres bien montés, à une petite diſtance de la maiſon de Caroline, où le valet infidele l'eut bientôt introduit; ce qui ſe fit avec tant de précaution & de ſilence, que Caroline étoit entre leurs mains quand elle s'éveilla. La frayeur avoit étouffé ſa voix : elle jetta quelques cris, mais ils furent à peine entendus d'une de ſes femmes qui couchoit dans ſon appartement ; & avant qu'elle fut levée, fa maîtreſſe étoit dans la chaiſe où on l'avoit forcée d'entrer, malgré le déſordre où elle avoit été ſurpriſe. Le projet de Roſemond étoit de gagner pendant la nuit, le port le plus prochain, & de s'embarquer avec Caroline dans un petit bâtiment dont il pouvoit diſpoſer. Ils arriverent avec l'aurore au Port-au-Prince. Roſemond avoit pris les devants pour s'aſſurer d'une maiſon où il pût cacher Caroline pendant le jour ; ſe promettant bien de mettre à la voile, quand la nuit auroit couvert la terre de ſes ombres. Roſemond, après avoir gagné un Aubergiſte, fit conduire la chaiſe dans la cour la plus reculée de l'hôtel. On donna des habits à Caroline, puis on l'enferma dans une chambre avec des Gardes.

Roſemond ne parut point : il alla vingt fois de l'auberge au port, afin qu'aucun obſtacle ne pût retarder l'inſtant indiqué pour le départ. Le ſoleil achevoit ſon cours, l'impatient Roſemond touchoit au terme tant defiré ; on reporta Miff dans la voiture ; & mal-gré fes cris, que perfonne ne vouloit entendre, on lui fit prendre le che-min de la mer.

Caroline fe croyoit perdue ; auffi fon défefpoir étoit-il au comble. Elle tenta inutilement mille moyens de fe tirer de leurs mains : la mort même lui pa-roiffoit préférable à ce qu'elle nommoit fon défhonneur ; mais elle étoit fans ar-mes. Elle faifoit ces réflexions accablan-tes, quand elle entendit du bruit. Elle y mêla fes cris Un inftant après elle fentit arrêter la voiture : elle les redoubla. Alors elle diftingua facilement un bruit d'armes & un murmure confus de plain-tes & de reproches, dont elle ne pou-voit deviner le motif, la nuit étant trop fombre & la voiture étant trop bien fermée pour qu'elle pût rien ap-percevoir.

Cet état de perplexité fut affez long ; mais enfin on l'en tira d'une maniere bien inattendue. Quel moment pour elle ! Un homme qu'elle ne remit point d'abord , mais dont la voix ne lui étoit pas inconnue , ouvrit la voiture, fupplia Caroline de fe tranquillifer , & l'affura qu'elle étoit libre. Il lui demanda enfuite où elle vouloit paffer la nuit ? Miff qui jugeoit avec raifon de l'état cruel où avoit été fon mari lors de fon retour , auroit préféré de partir fur le champ ; mais comme elle étoit fans efcorte , & que l'inconnu ne pouvoit lui en offrir qu'une foible , ils crurent plus prudent de remettre le départ au lendemain , pour éviter à Rofemond les nouvelles tentatives qu'il auroit pu fe permettre pendant la nuit.

Ce dialogue ne finit point fans que Caroline n'eût reconnu fon libérateur : c'étoit le Lord Walmord , que Miff avoit beaucoup vu dans fa patrie. Mylord lui fit changer d'hôtel , & tandi que l'on préparoit des chambres , i conta à Caroline comment il avoit eu le bonheur de lui être utile.

Mylord lui apprit qu'il avoit quitté l'Ecosse depuis quelques mois , dans le dessein de voyager , & qu'effectivement il avoit déjà parcouru une partie des Isles avant de se rendre à celle de Saint-Domingue. Il ajouta que quelques accès de fievre qu'il avoit eus en arrivant au Port-au-Prince , l'avoient forcé d'y passer plus de tems qu'il ne se l'étoit proposé. Miss sut qu'un de ses gens en avoit profité pour mériter la confiance de la servante de l'auberge où il étoit descendu ; & c'étoit la même où on l'avoit conduit.

Le Lecteur doit se rappeller qu'il étoit jour quand elle y arriva : le cortége & les précautions éveillérent la curiosité. Malgré le secret recommandé , les valets entendirent quelques mors ; Tom apprit de son amie tout ce qu'elle savoit , & elle n'ignoroit point que la Dame enlevée fût Ecosfoife. Tom étoit fi rempli de cet événement, qu'il ne put s'empêcher de le conter à fon maître. Mylord n'étoit pas né curieux, & pour la premiere fois, il interrogea fon laquais fur le nom de l'infortunée ; mais il ne le fatisfit point du tout. Le jour, il ne put lui apprendre que l'heure fixée pour le départ.

L'ame de Walmord étoit grande, noble & généreufe, telle en un mot que Richardfon nous a peint fon héros (a). Mylord ne put entendre tant d'infortunes, fans concevoir le projet de délivrer la Dame opprimée. Il fit fuivre Rofemond ; & quand fa marche lui fut connue, il alla l'attendre à une petite diftance du port avec fes deux valets, qu'il avoit fait armer ; il avoit éprouvé leur courage, ce qui joint à fa bravoure, ne lui permettoit pas de

______

(a) Grand'ffon.

douter du fuccès; malgré la foiblefſe de fon parti, l'événement répondit à fon attente : Milord fe plaça devant Rofemond, fi-tôt qu'il l'apperçut, & lui cria de fe défendre ou de mettre en liberté la Dame qu'il retenoit captive. Rofemond accepta le premier parti, il fe battit avec fureur ; Mylord conferva le fang froid qu'il devoit à fon caractere & à la bonté de fa caufe. Avec tant d'avantage, il ne pouvoit qu'être heureux ; il le fut ; il bleffa fon adverfaire & ne le tua pas.

Pendant le combat les gens de Mylord étoient tombés fi vigoureufement fur les fix Nègres, que bientôt ils les avoient forcés de prendre la fuite. Walmord fit remettre Rofemond entre les mains de fes matelots, & il fe crut quitte envers lui, la baffeffe de fa conduite n'exigeant pas d'autres égards.

Tant de peines & d'agitations ne permirent point à Caroline de fe livrer au repos ; elle paffa une mauvaife nuit : au point du jour elle monta dans la voiture de Mylord , qui lui deman- da la permiſſion de l'accompagner. A peine avoient-ils fait quelques milles , qu'ils apperçurent un groupe de cava- liers qui venoient à eux de toute la vî- teſſe des chevaux. C'étoit Williams. Ils ne tarderent pas à en être joints. Caroline en appercevant ſon mari eut un plaiſir qui ne peut ſe comparer qu'aux peines de la veille. Sa joie étoit partagée , & leur entrevue fut bien tendre. Le tour de Walmord arriva. Le Baronnet parla de ſa reconnoiſſance, mais il eut beau faire , il n'en exprima pas la dixieme partie.

Arrivé à l'habitation de Williams , Mylord accepta volontiers l'invitation preſſante qui lui fut faite de s'y repoſer quelques jours. Caroline en revoyant ſon fils , ſongea aux riſques qu'elle avoit couru d'en être ſéparée. Ce ſou- venir lui coûta des larmes, mais ſes ca-

reſſes innocentes les eurent bientôt ſé-
chées.

Les fatigues & le chagrin qu'avoit
éprouvé Caroline, penſerent lui devenir funeſtes : elle étoit groſſe de quatre
mois, & l'on craignit une fauſſe cou-
che. Après bien des inquiétudes, la
bonté de ſon tempéramment reprit le
deſſus.

Mylord partit, & Roſemond recouvra une ſanté dont il étoit indigne
de jouir. Il ſe hâta alors de retourner
dans ſon habitation, pour s'occuper des
moyens de perſécuter encore Caroline.
Sa frayeur fut extrême quand elle le
ſut de retour : non-ſeulement elle trembloit pour elle, mais elle craignoit
que ſon mari ne cherchât à venger ſon
offenſe, s'il en trouvoit l'occaſion. Elle
ne ſe trompa pas. Williams ne ſortoit
plus ſans être armé de deux piſtolets :
il rencontra ſon ennemi, lui en offrit
un, & il fut bleſſé.

L'affliction de Caroline en voyant

fon mari prefque mourant , ne peut fe dépeindre. Ses foins & les fecours de l'art lui fauverent la vie. Il étoit à peine convalefcent, quand Caroline donna le jour à une fille. Ils ne jouif-foient point encore l'un & l'autre de leur fanté, qu'ils découvroient de nou-veaux complots qu'avoit tramé Rofe-mond. Caroline fentit bien qu'il étoit poffible d'y échapper ; mais elle vit en même-tems à quel point la vie de fon mari étoit en danger ; idée qu'elle ne pouvoit foutenir. Le Baronnet parloit fans ceffe de vengeance. La haine que Williams portoit depuis fon enfance contre une nation que trop d'étran-gers jugent d'après des membres défa-voués par la fociété, l'avoit empêché de fe lier avec aucun habitant de l'Ifle. Il en ignoroit & les loix & les ufages. Une plainte au Gouverneur eût affuré fon repos : il ne la fit point ; & Caro-line n'entrevoyant pas le terme où cef-feroient tant d'hoftilités, imagina avec

N v

raison ne pouvoir s'y souftraire qu'en abandonnant un pays fi funefte à fon repos. Williams, qui fentoit combien ce tranfport feroit nuifible à fa fortune, s'en défendit ; mais le bonheur de fa femme y étant attaché, il finit par céder.

Ils choifirent pour retraite la Virginie, province située dans l'Amérique feptentrionale : elle appartenoit déjà à l'Angleterre ; mais deux ans s'étoient écoulés depuis la fuite du Roi Jacques ; fon parti s'étoit diffipé, & Williams pouvoit fe flatter qu'il ne feroit point inquiété en venant habiter une de fes Colonies : d'ailleurs il préféroit tous les malheurs à celui de vivre chez un peuple qu'il connoiffoit mal, & qu'il déteftoit.

La perte qu'occafionna ce changement de domicile, fut extrême : Williams abandonnoit de belles plantations, bien en valeur. Il eft vrai qu'il trouva le plus beau fite du monde, un pays tout neuf; mais il fallut créer bien des années se passérent avant qu'il pût jouit de ses nouveaux travaux.

La fureur de Rosemond, en apprenant le départ de Williams & de sa famille, ne peut se concevoir. Ses passions, qui n'avoient jamais été combattues par sa raison, devinrent extrêmes ; l'amour & la vengeance altérérent son esprit, & s'il ne perdit point entiérement la tête, il fit par-fois des actes de démence suffisans pour être enfermé, s'il eût habité un pays moins libre. Le tems & l'inutilité de ses recherches, ne firent qu'accroître & sa folie & la dureté de son caractere. Ses Nègres, qui en étoient toujours les victimes, finirent par se révolter : ils assassinerent leur maitre, qui voulut un jour s'opposer à leur fuite. Telle fut la fin d'un homme que tout être raisonnable doit haïr & mépriser. Mais quelques Jeunes-Gens & beaucoup de femmes ont de l'honneur une idée bien différente ; ils croient qu'un homme ne peut le perdre qu'en se rendant coupable de quelque trait de lâcheté, & Rosemond s'étoit toujours bien battu ! On excuse l'étourdi qui a tous les vices, quand il sait les soutenir, & l'on persifle l'homme de bien qui n'offense personne, quand il méprise l'injure. L'opinion du Philosophe est bien différente.

La famille de Williams, qui étoit encore augmentée d'une fille & d'un garçon, croissoit sous les yeux d'un pere & d'une mere tendres. L'honneur, la franchise & la bonté n'étoient pas de vains mots pour eux ; ils étoient élevés dans la pratique des vertus, & les auteurs de leurs jours leur en donnoient sans cesse l'exemple.

Charles, son fils aîné, atteignoit sa vingtieme année, Sara commençoit son quatrieme lustre, & ses deux autres enfans entroient à peine dans l'adolescence, quand Milord Murvel, oncle de Sir Stell, obtint du Roi la permiſſion de le rappeller. Williams reçut cette nouvelle avec peine. Il vivoit loin des hommes, paiſible, heureux, & le tourbillon du monde n'avoit plus d'attraits pour lui. Il fallut cependant ſe conformer aux ordres d'un oncle qu'il avoit toujours chéri, qu'il reſpectoit, & qui devoit à ſa mort le laiſſer poſſeſſeur d'une fortune conſidérable.

Il quitta donc en ſoupirant, ſa retraite, ſe promettant bien d'y revenir le plutôt qu'il pourroit, & s'embarqua pour l'Angleterre, avec ſa famille. Il ne laiſſa que ſon fils aîné, qu'il mit à la tête de ſes affaires.

Caroline n'étoit point auſſi affligée que ſon mari. L'idée de revoir & ſa patrie & ſes parents adoucirent ſes regrets. Les enfans étoient ravis. Les jeunes-gens quittent ſans peine un bonheur certain, pour courir après l'illuſion L'homme dans ſes premieres années eſt l'ennemi juré de l'uniformité ; naturellement il est né curieux, & le desir de se satisfaire, qui le tourmente même quelquefois jusques dans un âge avancé, ne lui permet point d'apprécier les avantages auxquels il renonce.

Dans le même tems le Comte Auguste de Belville arriva à Londres. Il étoit recommandé particuliérement à Mylord Murvel, qui non-seulement avoit été fort lié avec la famille de Belville, dans un voyage qu'il avoit fait en France, mais que des circonstances particulieres avoient mises à portée de lui rendre d'importants services. Mylord étoit reconnoissant, & le jeune Comte, qui logeoit chez lui, en reçut les meilleurs traitemens. Ce ne fut pas sans peine que Williams, qui l'avoit précédé de quelques jours, le vit s'établir dans la maison de son oncle. On doit se rappeller sa haine pour les François. Quand ce sauvage Américain se trouvoit avec le Comte, ce qui arrivoit plusieurs fois par jour,

il ne pouvoit se dipenser , par égard
pour le lieu, de lui rendre le salut ,
ou de répondre très - laconiquement
aux interrogations qu'il lui faisoit. Belville, qui ignoroit la cause d'un accueil
aussi froid , s'en prenoit à sa jeunesse,
à son peu de mérite, & faisoit de vains
efforts pour plaire au Baronnet. Par-
tout il n'étoit pas aussi malheureux.
Mylord Murvel l'aimoit , Caroline le
trouvoit charmant, & Sara, qui ne savoit pourquoi, perdoit son enjouement
dès qu'il s'éloignoit.

Sara joignoit à une taille élégante,
la figure la plus noble, de beaux cheveux, un teint frais, les yeux les plus
tendres : sous cet extérieur séduisant,
Sara cachoit une ame céleste ; elle
étoit douce , spirituelle, sensible &
bonne, & ces dons précieux n'avoient
point été altérés par de mauvais exemples. Elevée dans le sein d'une famille
respectable, ignorant qu'il existât d'autres hommes, elle pratiquoit par ins-

tinct, par imitation, & peut-être par habitude, toutes les vertus qui assurent le bonheur de la société. Sa franchise embellissoit encore toutes ses qualités : elle étoit à son ame ce que la simplicité de sa parure étoit à sa beauté. Toute espece d'art lui étoit étranger. Ses cheveux cendrés étoient sa seule parure ; & sa taille souple & légere, ne fut jamais soumise à aucune entrave.

L'expérience manquoit entiérement à Sara : elle avoit seize ans, & son cœur étoit susceptible des plus douces impressions ; comment eût-elle pu résister à l'amour ! & sous quels traits encore lui fut-il offert !

Belville n'avoit pas vingt-deux ans. La mort de ses parents, qu'il avoit perdus pendant son enfance, le faisoit jouir d'une fortune considérable ; & son Tuteur, autant pour la conserver que pour achever son éducation, l'avoit engagé en finissant ses études, à parcourir une partie de l'Europe avant de se fixer à Paris. Il avoit commencé par l'Allemagne, la Suisse & l'Italie. Son Gouverneur qui l'avoit suivi dans ses différens voyages, le quitta en arrivant en Angleterre. Ses fonctions près de lui se bornant alors à celle d'un ami, des affaires d'intérêt le rappelloient en France, & le jeune Comte se proposoit de passer quelque-tems encore loin de sa patrie.

Belville avoit le cœur bon, l'ame extrêmement sensible, beaucoup d'esprit, & le germe de toutes les vertus. S'il n'eût point été sérieusement occupé, les vices n'eussent été pour lui qu'une affaire de mode. Il vit Sara, & ne les connut jamais. En formant tant de qualités morales, la nature ne s'étoit point épuisée; ce n'étoit pas aux dépens de sa figure que Belville étoit si parfait : ses traits, sans être réguliers, sans être les plus beaux du monde, formoient une figure noble & intéressante. Sa taille étoit ordinaire, mais il étoit bien fait,

& il avoit des graces : elles l'accompagnoient par-tout. Belville chantoit à merveille, & danſoit de même ; il s'acquittoit également des différens exercices qui ſont d'uſage parmi les hommes. Tant de perfections n'étoient point obſcurcies par un ſot orgueil ; la modeſtie étoit ſa premiere vertu.

Si Sara ſentit ſon cœur battre en voyant le Comte Auguſte, de quelle émotion celui de Belville ne fut-il point atteint dès la premiere entrevue ! Le trouble de ſon ame paſſa bientôt dans ſes yeux, & leur ardeur eût ſans doute electriſé Sara, ſi l'amour n'eût déjà prévenu ſon jeune cœur. Un ſentiment ſi nouveau pour elle ne l'alarma point : elle aimoit ſon pere, elle aimoit ſa mere, elle crut aimer le Comte de même. Comment eût-elle craint l'amour ? elle ignoroit juſqu'à ſon nom.

Belville qui vit dans les yeux de Sara le retour dont elle payoit ſa tendreſſe, crut pouvoir s'expliquer. Quinze

jours à peine s'étoient écoulés depuis
son arrivée, quand il risqua un billet:
le voici.

De Belville à Sara.

» Je ne connoissois point l'amour,
» Miss, je vous ai vue & je vous adore;
» le bonheur de ma vie est entre vos
» mains; vous en êtes à jamais l'arbitre.
» Si mon hommage vous plaît, pro-
» noncez avec moi *je vous aime.* Si
» au contraire vous n'approuvez point
» mes vœux, je m'éloigne pour jamais
» d'un climat si funeste à mon repos.
» J'emporterai avec moi le souvenir
» déchirant de votre refus, & le reste
» de ma vie sera employé à vous aimer
» & à regretter de n'avoir pu vous
» plaire. «

En recevant ce billet, Sara ne fut
point étonnée de ce qu'il contenoit;
elle trouva seulement étrange que le

Comte lui eût écrit ce qu'il pouvoit lui dire à toutes les heures du jour.

Sara n'eût point songé à répondre par écrit à Belville, s'il ne l'en eût priée à la fin de son billet; elle n'étoit pas fort au fait des usages du monde, & elle crut qu'il ne seroit pas poli de s'en dispenser; cependant cela lui paroissoit bien plus court que de composer une lettre, car elle n'en écrivoit guere. Voici comme elle s'y prit.

De Sara au Comte Auguste.

» Que je suis heureuse, mon cher
» Auguste! vous m'aimez, vous me le
» dites, vous me promettez de m'ai-
» mer toujours si mes sentimens sont
» d'accord avec les vôtres! Ah! n'en
» doutez jamais, & croyez qu'il n'y a
» rien que je ne fisse pour conserver
» toujours ceux que vous me promet-
» tez. «

Le Comte étoit enchanté de ce billet, quand il fit une réflexion qui suspendit son bonheur pendant un moment : quoiqu'il n'eût jamais été amoureux, il avoit un fond de théorie puisé dans les Romans ; & dans les Romans, il avoit presque toujours vu les hommes épris ou non, déclarer leur passion, vanter leur tendresse & presser l'objet qu'ils aimoient ou qu'ils ne vouloient que séduire, tandis que celui-ci, quoiqu'aimant à la fureur, rejettoit les déclarations, & attendoit pour y répondre qu'il y en eût un nombre prescrit par la décence. Cette comparaison des autres femmes avec Sara, auroit je crois guéri le Comte, s'il ne se fût souvenu que cette fille incomparable ne devant rien qu'à la nature, ayant été élevée loin de l'exemple & des hommes, pouvoit confondre un sentiment étranger pour elle, & prendre pour la constante amitié, le vif & brûlant amour.

Cette idée lui plut, il n'en chercha pas d'autre, & il ne se trompa pas. Sara l'aimoit, & l'aimoit pour la vie. C'est ainsi qu'elle pouvoit aimer. Elle revit le Comte Auguste sans trouble & sans embarras. Le plaisir seul se fit sentir. Elle ne rougit point, elle ne baissa point ses beaux yeux. Ces signes extérieurs sont toujours une suite de la honte, & Sara ne se reprochoit rien.

Belville impatient de pouvoir à son aise entretenir Sara & de connoître enfin quels étoient ses sentimens, lui écrivit encore ; il demandoit à la voir dans le jardin le lendemain au lever de l'aurore ; il ne vouloit pas la séduire, il ne choisit pas la nuit : l'éclat du jour n'importuna jamais la vertu !

La jeune Miss avoit été élevée avec trop de liberté dans un pays sauvage, pour demander des permissions : aussi n'y songea-t-elle point ; elle accepta sans même imaginer qu'elle dût en parler à fa mere. Elle fut exacte, non pas à fe trouver au rendez-vous, car elle en ignoroit & le nom & l'importance ; mais à la parole qu'elle avoit donnée. Elle le trouva dans le jardin quand elle y arriva. Pour l'ordinaire les amans ne connoiffent point le repos. Augufte dormoit peu, foupiroit beaucoup, & tous les jours il perdoit de fa gaieté.

Sara cependant n'éprouvoit pas la même inquiétude ; elle ne prévoyoit pas les fuites du penchant auquel elle fe livroit ; elle étoit enchantée d'avoir un nouvel ami, & fon enjouement y gagnoit encore. Comme on eft belle à feize ans, quand la nature a tout fait pour nous, & qu'on ne quitte un fommeil doux & paifible que pour courir au-devant de l'amant qu'on a choifi, même fans s'en douter !

Augufte & fon amie s'affirent fous le premier berceau qu'ils trouverent ; celui-ci étoit couvert de Rofes & de

jasmins. Le teint de Sara en soutenoit
l'éclat & ne perdoit même point à la
comparaison. Auguste enivré d'amour
dit à Sara tout ce qu'il put lui inspirer ;
elle de son côté par ses promesses, ne
lui laissoit rien à desirer : elle ne faisoit
pas de sermens, ils ne furent inventés
que par des parjures.

Ils jouissoient tous deux du bonheur
d'être aimé ! Bonheur si rare quand il
est durable ! Eh ! combien j'en sens le
prix !

Une heure s'écoula bien vîte dans
cet entretien si tendre, dans ces en-
tretiens où les jours passent sans qu'on
s'apperçoive de leur durée ; dans ces
jours enfin qui ne devroient jamais
finir, si l'on consultoit les amans.

Auguste cependant songeoit à la
séparation : il avoit le courage de s'en
occuper, il craignoit d'être surpris ;
si Sarra y eût passé la matinée, elle
ne se seroit même pas doutée qu'on
pût le trouver mauvais. Le Comte es-
savoit

(313)

savoit de lui en faire sentir la nécessité, elle en murmuroit, & son Amant pour l'appaiser, pressoit & baisoit ses belles mains, quand le Baronnet, accoutumé à se lever matin, & fatigué par la chaleur, étoit descendu au jardin pour y respirer. Le hazard le conduisit au berceau, & il fut témoin des derniers momens de l'entretien de sa fille avec Belville.

D'abord cette apparition étonna plus Williams qu'il ne l'eût été de la foudre ; mais ce sentiment fit bien-tôt place à la colère : jamais il n'avoit eu à se plaindre de sa fille ; il l'oublia ; & l'air de gaieté & d'innocence avec lequel elle courut à son Pere, ne put diminuer sa fureur : pour la premiere fois de sa vie elle en sentit les effets ; elle se sauva, en pleurant, dans les bras de sa Mere, à laquelle elle ne cacha rien. Le Comte eut la prudence de fuir par un chemin opposé, ce qui ne l'empêcha point d'entendre très-diftinctement les imprécations que le Baronnet prononçoit à haute voix contre les Français, qui avoient toujours fervi d'obftacle à fon bonheur. Belville imagina avec raifon que ce n'étoit ni le tems, ni l'occafion de fe fâcher d'un propos qui offenfoit à la fois & fa nation & lui.

Williams remonta chez fa fille; il vouloit favoir d'elle fi le hazard l'avoit feul conduite dans le jardin : heureufement il ne la trouva pas, puifqu'il apperçut fur une table le fatal billet que le Comte avoit écrit la veille. Sara incapable de rufe, étoit incapable de mettre du myftere : on ne l'employe que quand on a des torts, & Sara ne croyoit point en avoir.

Sir Williams, après avoir lû ce billet, ne douta plus de fon deshonneur : fa fureur s'exhala ; je ne fais s'il rappella fa raifon, mais elle ne triompha point.

Belville en quittant le jardin, avoit

été de son côté tout découvrir à Mylord Murvel. Mylord qui ne doutoit
point de la sincérité de son jeune ami,
ni de la pureté de ses intentions, &
qui de plus voyoit dans sa petite Niè-
ce & dans Belville, mille rapports qui
doivent former une union heureuse, ne
s'alarma point à ce récit ; mais jugeant
sa présence nécessaire dans l'appartement de Caroline, où il devinoit une
partie de ce qui s'y passoit, il se hâta de
tranquillifer le Comte, & il le quitta.

Caroline fut bien alarmée au récit
de sa fille ; elle ne songea point à lui
faire de reproche ; elle étoit juste, &
elle trouva avec raison qu'elle seule en
méritoit pour n'avoir point instruit
Sara, en quittant un autre hémisphè-
re, des dangers que son jeune cœur
avoit a courir dans celui-ci. Elle la
serroit tendrement dans ses bras, &
cherchoit à la rassurer, en lui promettant bientôt le retour de la tendresse de son Pere.

Ce Spectacle touchant ne put adoucir Williams ; il en fut témoin en entrant chez sa femme, & cela ne le désarma point : il leur fit à l'une & à l'autre les reproches les plus outrageants. Caroline voulut parler, on ne l'écouta pas. Sara éperdue étoit aux genoux de son Pere, quand il la menaça de sa malédiction, si jamais elle voyoit ou prononçoit le nom du Comte. Elle eût préféré la mort à la haine de son Pere ; mais la cause de cette menace, les notions qu'elle commençoit enfin à avoir de l'amour, lui dessillerent les yeux, & pour la premiere fois elle sentit l'excès du sentiment dont elle étoit animée. Le Baronnet exigeoit sa parole : elle ne put la donner. Il se dégagea d'elle, & la poussa si rudement, que son visage toucha la terre : elle ne se releva point ; mais elle enlaça de nouveau ses bras autour des jambes de son Pere : sa Mere prit la place qu'elle

avoit occupée à ſes genoux ; le Baronnet les repouſſoit toutes deux quand
Mylord entra. A la vue d'un Oncle
chéri, la fureur fit place au reſpect,
& il entendit de la bouche de Mylord
un récit qu'il n'avoit même pas permis à ſa femme de commencer. Quand
il fut bien certain de l'innocence de ſa
fille, il reſpira. Il fut facile de lui
prouver que ſes torts n'avoient d'autres principes que l'ignorance. Il y crut ;
mais pour lui en faire éviter d'autres,
il ſupplia Mylord de trouver bon qu'il
regagnât bien vîte un monde plus paiſible : il ne l'obtint pas ; mais il ne con-
ſentit à prolonger ſon ſéjour, qu'en
recevant de ſon Oncle la parole d'é-
loigner le Comte de chez lui. Murvel
connoiſſoit trop bien les hommes pour
entreprendre de combattre cette ré-
ſolution ; le moment n'étoit pas encore arrivé, & il faut céder un peu
quand on veut obtenir beaucoup. Tels
étoient les principes de Mylord,

tels furent toujours les miens.

Mylord Murvel en quittant son Neveu, passa chez le Comte ; l'état d'affliction dans lequel il le trouva, ne le surprit pas : Murvel avoit été jeune, il avoit aimé ; & le souvenir de ce tems précieux n'aigrissoit point son humeur : les amours n'ont qu'un tems, disoit-il quelquefois, rarement ils se prolongent ; mais ne pouvons nous jouir encore du bonheur de voir des heureux & d'en faire ? Si telle étoit la morale des vieillards, ils trouveroient plus d'amis & de consolateurs dans les jeunes gens ; & quand on est vieux, on en a grand besoin.

Murvel apprit donc au Comte tout ce qui s'étoit passé. Ce malheureux amant sentit la nécessité de quitter une maison où il n'avoit connu le bonheur que pour en mieux sentir la privation. Tel est le sort des hommes ; ils n'éxistent que par des passions : sans elles ils végetent, & cet état paisible ne peut

leur fuffir ! La peine, les plaifirs, l'efpérance & la crainte font des jouiffances, puifque c'eft par elles qu'ils font
émus : on murmure & contre la pro-
vidence & contre le fort ; mais quel eft
l'infortuné, s'il étoit entendu, qui voudroit en changer, fi, en quittant fes
peines, il ne trouvoit que l'indifférence ?

Belville ne s'occupoit gueres de ces
réfléxions ; je les fais pour lui, & vous
me les pardonnerez, puifque vous connoiffez le véritable amour.

Augufte donna des ordres : bientôt
ils furent executés, & le Comte ne
tarda point à fuivre fes gens dans le
nouvel apartement qu'ils lui avoient
fait préparer. Quoiqu'il fût le plus près
poffible de l'hôtel du Lord, il fut bien
affecté en quittant un lieu où à toutes
les heures du jour il avoit vu Sara ;
il ne fe diffimuloit pas combien à l'a-
venir fes entrevues feroient difficiles,
en fuppofant encore qu'elles puffent

O v.

avoir lieu. Pour le Baronnet, il ne reprit sa tranquilité ordinaire, que quand il fut bien assuré de cette séparation. Il est bien rare que la félicité d'une partie des humains, ne fasse pas toujours le tourment de l'autre !

On vouloit ôter à Williams toute occasion de soupçon ; ce qui empêcha le Comte Auguste de paroitre à l'hôtel, même pour y voir le Lord ; mais ce dernier laissoit écouler peu de jours sans aller le consoler. Murvel employa le tems nécessaire à s'assurer que l'amour de Belville n'étoit point un caprice. Depuis plus de trois mois il étoit sans aliment, & il étoit toujours extrême. D'après cette épreuve, Mylord promit au Comte de s'occuper de son bonheur, en demandant pour lui la main de Sara. Naissance, fortune, tout étoit égal : Murvel prévoyoit bien quelque obstacle sur le préjugé des Nations ; mais il s'en falloit bien qu'ils les crût insurmontables. Son

zèle d'ailleurs pour le bonheur de sa
Niéce & de son Ami, le rendoit capable de tout entreprendre : il connoissoit la réciprocité de leurs sentiments ; car Sara, que la colere de son
Pere avoit appris à feindre, ne savoit
encore dissimuler que pour lui ; & sa
Mere & son Oncle, recevoient à toute
heure l'aveu innocent de sa passion.
Maman, disoit-elle quelquefois à Caroline, pourquoi votre tendresse, qui
a toujours fait mon bonheur, n'y suf-
fit-elle plus ? Vos caresses m'enchan-
toient ; elles étoient ma plus douce ré-
compense ; eh bien ! je sens que je leur
préférerois celles du Comte. N'allez
pas croire pour cela que mon cœur
soit changé ; vous m'étes toujours bien
chere ; mais Auguste à emporté avec
lui ma félicité. Qu'il revienne, & mon
seul soin sera de vous aimer & de lui
plaire. (Qu'un tel cœur doit étre pur,
quand à seize ans une fille s'exprime
ainsi, en parlant à sa Mere !)

O v

Caroline defiroit trop le bonheur
de fa fille , pour ne point engager fouvent Mylord à y contribuer ; mais il
étoit trop fage pour rien précipiter ,
& il ne céda que quand il crut le moment arrivé. C'eft alors qu'il falloit
voir l'inquiétude de Sara ! Elle fentoit que le bonheur de fa vie dépendoit
du réfultat de l'entretien qu'il alloit
avoir avec fon Pere.

Mylord n'oublia aucun des motifs
qui devoient faire valoir la propofition du Comte Vingt fois Williams
voulut l'interrompre, & fans les égards
qu'il devoit à fon Oncle, dès le premier mot il eût rompu cette converfation. Quand fon tour de parler fut
arrivé, il affura très refpectueufement,
mais très-pofitivement fon Oncle ,
qu'un François ne feroit jamais fon
gendre. Murvel crut devoir fe permettre de parler des fentiments de fa
Niéce pour le Comte. Le Baronnet ,
qui jufques-là avoit cherché à en dou-

ter, ne put plus se contenir: il fit
tous les sermens, même celui d'im-
moler sa fille, plutôt que de consentir
à cette union. L'entretien se termina
par rendre graces à Mylord de ses bontés, & par lui demander la permission
de s'embarquer sous peu de jours pour
la Virginie. Murvel, mécontent de
tant d'obstinations, ne répondit rien,
& se retira.

Sara avoit souffert avec constance
l'éloignement de son amant, Caroline
& son Oncle ayant soutenu son courage par l'espoir d'obtenir le consen-
tement de son Pere; mais quand elle
apprit d'eux que le départ étoit ré-
solu, elle prit à son tour un caractere
de fermeté qu'on ne lui soupçonnoit
pas; elle tomba aux genoux de son
Oncle, pour le supplier de ne pas l'a-
bandonner: elle y jura, qu'elle mour-
roit plutôt que de suivre son Pere,
que pour la premiere fois elle accu-
soit, » L'homme en naissant est libre,

(s'écria-t-elle,) du moins dans nos
forêts : l'éducation nous distingue; mais
si elle sert à développer en nous le germe des vertus, quand nous sommes
parvenus à en connoître les justes bor-
nes, à quoi sert le préjugé, si ce n'est
à faire naître de nouvelles entraves,
que nous pouvons à la vérité rompre
sans nuire à l'honneur, & que l'on ne
peut observer sans renoncer au repos? «
Cet arguement étoit irrésistible, &
Mylord & sa Niéce n'y répondirent
rien : aussi eut elle le tems d'ajouter
» Si mon Pere m'aime, comme je me
plaisois à le croire, comme je le mé-
ritois par ma tendresse ; sans cesser de
haïr les François, ne peut-il en excep-
ter le mortel que mon cœur a choisi,
& souffrira t-il que ce cœur s'immole
pour soutenir sa prévention ? Qu'il ré-
fléchisse sur la différence de ces sacri-
fices ; s'il hésite, non jamais il ne ma
aimée. Et vous, Mylord, continua-t-elle,
n élevant la voix, vous devez me pro

téger & forcer mon Pere à vous remercier un jour de lui avoir confervé
une fille que fûrement il regretteroit,
fi elle fuccomboit à la rigueur de fon
fort. «

Caroline pleuroit, Sarra la caref-
foit, & Mylord attendri d'un côté, &
mécontent de l'obftination de fon Neveu, fe départit du caractere augufte
qu'il devoit remplir, de celui de médiateur entre le pere & la fille, puifqu'il promit à Sara de la protéger
contre l'auteur de fes jours. Malgré fon
aveuglement & fa paffion, elle fentoit
encore tout ce qu'elle lui devoit, & fon
ame étoit partagée entre fon pere &
le Comte. O fille infortunée ! que ce
combat eft cruel ! Pouvez-vous exifter
en renonçant à votre amant ? Pouvez-
vous le fuivre & être heureufe, fi vous
avez attiré fur vous la haine de votre
pere ? O vous qui m'êtes fi cher !
vous à qui je dois la vie, quel feroit mon
défepoir, fi vous ceffiez de m'aimer un
jour !

Tout s'apprêtoit pour le départ ; le foleil ne devoit plus fe lever que deux fois pour l'Angleterre, avant que Sara l'abandonnât pour jamais. En fongeant à ce jour funefte, fes yeux & fon teint perdirent leur éclat ; une fievre ardente annonçoit la diffolution de fon être. Son pere auroit donné fa vie pour conferver la fienne, & il héfitoit encore à changer d'opinion. Barbare aveuglement ! Avec quelle facilité les hommes prennent le change fur la caufe de leurs paffions ! Si on aimoit pour lui l'objet auquel on s'attache, facrifieroit-on fon bonheur à notre volonté ? Non : c'eft-là l'égoïfme. On aime fon efclave, tant qu'il fert à nos plaifirs, & qu'il ne connoît d'autre volonté que la nôtre : mais on le facrifie, dès que fon bonheur nous coûte un regret. C'eft à force de vertus que Williams ne reffembla point à ce portrait.

Cependant Mylord pénétré de l'état de fa niéce & de celui du Comte, qu'il voyoit fouvent, & qui n'étoit pas plus heureux, fit une derniere tentative ; il entraîna Caroline & Sara aux pieds de Williams. La pâleur & le danger de cette derniere, l'abattement de toutes deux, les larmes de Mylord, & les prieres des deux autres petits-enfants, qui demandoient à genoux à leur pere le bonheur de Sara ; cette fcène amollit pour un moment fon cœur, & il confentit en foupirant, à la félicité de fa fille. Dans l'ivreffe générale, on ne s'apperçut point de la violence qu'il s'étoit faite, quoiqu'on eût pu en voir les marques fur fon vifage ; & Sara, appuyée fur le bras de fa mere, regagna fon appartement, pour répandre à fon aife dans fon fein des larmes de joie. Elle ne quitta cette douce pofition, que pour laiffer à fa mere le tems d'écrire à fon Amant.

Billet de Caroline au Comte de Belville.

« Vos malheurs font finis, mon cher

» Auguste. Non-seulement mon mari
» consent à vous voir, mais il vous a
» nommé pour gendre. Sara est dans
» le délire, mais c'est de son bonheur.
» Pour moi , je suis au comble de
» mes vœux. Ne perdez point de tems à
» venir partager la joie commune, que
» votre présence sans doute doit encore
» accroître. C'est à Mylord que nous
» devons tant de bien. Il veut vous por-
» ter cette lettre : il vous expliquera ce
» que mon trouble & l'impatience de
» Sara ne me permettent pas de vous
» écrire. «

Mylord raconta à Belville l'objet de
sa visite. Ce malheureux espéroit si
peu , que sans la lettre de Caroline, il
eût encore douté de son bonheur. Dans
le premier moment, ne pouvant exprimer ni sa joie , ni sa reconnoissance ,
il se jetta dans les bras de Murvel,
dont il baisoit alternativement & les
mains & le visage. Voilà l'éloquence

qui plaît au cœur ; elle ne doit rien à l'esprit, mais tout au sentiment.

Murvel en rentrant à l'hôtel, conduisit d'abord le Comte chez son neveu. L'accueil fut froid ; on s'y attendoit, & l'on s'estimoit trop heureux qu'il eût dit oui : on le dispensoit du reste.

Mylord, à qui l'on devoit tout, desiroit de voir l'entrevue d'Auguste avec sa niece. Celui-ci en lui promettant de ne point le devancer, franchissoit l'escalier avec tant de légereté, que le vieillard ne put le suivre. Il étoit déjà aux genoux de Sara, quand il se souvint de sa promesse ; & ce n'étoit pas le cas de retourner. Murvel l'en plaisanta ; mais il étoit bien loin de s'en fâcher.

Le mariage de Sara & du Comte, fut fixé au sur-lendemain. Mylord, qui s'étoit chargé de tout, n'imagina pas que des bijoux & une livrée fussent nécessaires au bonheur, & il ne suspendit pas le leur, pour donner aux voitures le tems d'être vernies , & aux diamants celui d'être montés. La plus belle parure d'une jeune mariée, est l'éclat que la satisfaction prête à ses charmes : aussi, toutes les emplettes de luxe furent renvoyées à un autre moment.

Le jour du mariage, Williams parut encore plus sombre que de coutume ; il faisoit de fréquentes absences : Sara s'en apperçut, & Caroline s'en inquiétoit.

Minuit sonnoit encore, quand les jeunes époux furent conduits par leur mere & par l'amour dans l'apartement qu'on leur avoit préparé. Quoique Sara n'eût plus de desir à former, elle ne pouvoit se séparer de Caroline, & elle prononçoit en pleurant : » ma mere ! si » je vous voyois moins, je ne serois » point heureuse. « Caroline l'eut bientôt rassurée : on croit difficilement à la peine, quand on est au comble de la félicité.

Si la Comtesse s'endormit la plus heureuse des femmes, à son réveil elle se trouva la plus infortunée. Mylord, qui connoissoit sa sensibilité, n'en avança pas l'instant ; il chargea seulement un valet de chambre de l'avertir quand la Comtesse sonneroit : il vouloit être le premier à entrer chez elle. Sara fut fort aise de le voir ; mais cela ne suffisoit point à son cœur. Accoutumée depuis sa naissance à offrir à sa mere ses premiers hommages, comme ses premieres pensées, ses yeux la cherchoient pour s'acquiter de ce devoir, qui pour n'être plus que le second, ne lui étoit pas moins cher. Son Oncle s'en apperçut, & prévint ses questions, en lui apprenant que si son pere avoit été ému à la vue de son danger, & que s'il avoit pu se vaincre au point de consentir à son mariage, il n'avoit pu de même être témoin de son bonheur, tant son aversion pour Belville étoit insurmontable.

On doit se souvenir qu'après la premiere tentative de Mylord, Williams
avoit tout ordonné pour son départ :
deux jours devoient encore s'écouler
avant l'embarquement, quand l'état de
sa fille produisit sur lui ce qu'auroit
pu faire la raison ; mais la victoire n'é-
tant pas complette, il ne changea rien
au projet de retourner en Amérique.
Le mariage avoit été célébré précisé-
ment la veille du jour nommé ; &
quand Caroline rentra chez elle, après
le coucher de sa fille , son mari la
supplia avec tant d'instances de le suivre, qu'elle ne put lui résister. Le
Baronnet avoit prévu tout ; les voitures étoient chargées ; on les avoit me-
nées à petit bruit à quelque distance
de l'hôtel, & le valet de chambre fidèle qui avoit tout exécuté, avoit eu
soin d'y conduire & les deux enfants
& les femmes de Caroline. La distance de Londres à Bristol n'étant pas
considérable, ils devoient bien-tôt

être rendus, & le bâtiment qui les em-
menoit n'attendoit qu'eux pour mettre à la voile.

Mylord à son lever avoit été instruit de ces particularités par un billet
de son neveu, qu'il avoit terminé en
recommandant sa fille à ses bontés.
L'état de la Comtesse à ce récit & à la
lecture du billet, est facile à concevoir : elle se désespéroit, elle vouloit
sans perdre un moment, voler sur les
traces de ses parents : on eut bien de
la peine à lui faire abandonner ce projet, quoiqu'on lui représentât qu'elle
n'ariveroit point au port assez à tems
pour les joindre. Mylord essaya aussi
de lui faire entendre que le besoin de
la voir pouvoit seul ramener son pere,
& que cette réconciliation étoit l'ouvrage du tems.

L'amour le plus tendre, & les soins
les plus délicats ne purent lui faire
oublier sa mere ; chaque jour rendoit
cette privation plus dure. La Comtesse

renfermoit ses peines , pour diminuer celles de son mari.

On essaya en vain de lui faire partager une partie des objets de dissipation qui abondent dans une ville comme celle de Londres. Si elle cédoit par-fois aux instances de Mylord & du Comte, elle étoit en rentrant plus à plaindre encore. La Comédie lui paroissoit insupportable , & si contraire à l'état de son ame , qu'elle ne put , sans la plus grande violence , assister à un spectacle entier. Quand la piéce étoit sérieuse , elle entroit alors si fort dans l'esprit de l'auteur , qu'elle trouvoit toujours les Acteurs au dessous de leur rôle ; & son imagination y suppléoit tellement , que c'étoit aux dépens de sa santé. Son mari partageoit sa retraite , il la quittoit rarement ; mais quand il s'éloignoit , elle donnoit ses moments à sa mere : lui écrire étoit sa plus douce occupation. Ces lettres n'étoient point éloquentes , mais elles peignoient &

fon ame & le fentiment. Je crois plaire au Lecteur en en raportant quelques unes.

Lettre de la Comteffe de Belville à fa Mere.

» O douleur profonde ! O chagrins
» cuifants ! j'aime ma mere autant que
» ma vie, & ma mere m'abandonne !
» mes jours étoient flétris par les re-
» fus de mon pere ; je defcendois
» au tombeau & je ne murmurois pas;
» ma mere eût recueilli mon dernier
» foupir. Mon pere fenfible à mon fort,
» veut prolonger ma vie ; il figne mon
» bonheur, & il m'empêche d'en jouir.
» Quoi ! celui qui fut le plus vertueux
» des hommes & le plus tendre des
» peres, a-t-il pu de fang-froid percer
» le cœur de fa fille ! Le Comte, par
» fa tendreffe, veut calmer mes en-
» nuis : fes foins & fon amour me tou-
» chent. Vous favez combien il m'eft
» cher ; mais le bien que j'ai perdu ne

» peut être remplacé. Avec vous, fans
» Auguste, j'expirois : avec lui, fans
» ma mere, je ne faurois vivre. Le jour,
» je vous demande aux Dieux ; la nuit je
» vous vois dans mon fommeil : & le
» tems & ma jeuneffe fe confommeront
» en prieres & en illufions ! Peignez à
» mon pere, ma douleur & mes re-
» rets : mais fi vous voulez qu'il y foit
» fenfible, ne lui montrez pas ma
» lettre ; il faut que votre voix inter-
» prète mes accents : quel charme n'a-
» t-elle pas ? Hélas ! fuis-je condamnée
» à ne la plus entendre bénir l'infor-
» tunée Sara ? «

Cette lettre parvint à fa deftination :
que de larmes ne coûta-t-elle pas à Caroline ! Williams en vit une partie ; il
en fut ému ; mais le defir de voir fa
fille céda bientôt à une réflexion, &
cette reflexion portoit fur le Comte.

Caroline n'effaya point de confoler
fa fille : une bonne mere connoît trop
bien

bien l'empire de la nature, pour songer à le commander. Les conseils ne
paient point l'amitié ; l'expreſſion du
ſentiment peut ſeule l'acquitter : auſſi ſa
réponſe en étoit-elle remplie.

De la Comteſſe à la Même.

» J'ai reçu ces caractères ſi chers à
» mon cœur, & que mes yeux ne voient
» plus former. Comme ma bouche les
» à baiſés ! C'eſt ſur mon ſein qu'ils de-
» meurent : non jamais je ne m'en ſé-
» parerai. Oh ! qu'elle nouvelle j'ai à
» vous apprendre ! Elle fait le bonheur
» de mon époux, & elle combleroit
» mes vœux, ſi je pouvois ceſſer de for-
» mer celui de vous revoir. Dans quel-
» ques mois votre fille ſera mere ; &
» vos bras ne s'ouvriront point pour
» recevoir mon enfant ! Il n'apprendra
» point en naiſſant à vous aimer ! Si ſes
» yeux ne peuvent vous voir, ſa bou-
» che du moins eſſayera de vous nom-

P

» mer : bientôt il bégayera les regrets
» de sa mere ; & son premier desir
» sera de vous voir. Puisse mon Pere
» n'être pas insensible à cette nouvelle !
» dites lui que , malgré le bonheur
» dont il me prive, ce sera un cœur
» de plus pour le bénir : puisse t-il ac-
» corder à son petit fils la grace de son
» pere , & permettre enfin au Comte
» d'employer ses jours à lui prouver à
» quel point il l'a méconnu c'est alors !
» que les miens seront heureux , puis-
» que je pourrai sans cesse vous répé-
» ter, qu'il n'éxista jamais un cœur
» plus tendre que celui de votre
» Sara «.

Je ne rapporterai que ces deux lettres de Madame de Belville ; elles
suffisent à faire connoître l'excès de sa
tendresse ; & il est aussi rare qu'il existe
à ce point, de la fille à la mere, qu'il
est ordinaire de la mere à la fille : je
n'en ai qu'une , que j'aime comme

la Comteſſe aimoit ſa mere ; elle le
ſait : je ne doute point non plus de
ſon attachement ; peut-être vivrai- e
loin d'elle.... Que ne donnerai-je pas
alors pour recevoir de ſemblable preuves du ſentiment dont la privation feroit mon tourment !

La Comteſſe eut un fils qu'elle nour-
rit : il croiſſoit ſous ſes yeux , & les ſoins
qu'elle lui prodiguoit , lui rappelloient
ſans ceſſe ceux qu'elle avoit reçus , &
les careſſes bien chéres dont elle étoit
privée. Caroline fut ravie de ſa nouvelle dignité : pour une mere tendre ,
ce titre n'a rien d'effrayant. Le tems
ſeul nous chaſſe , & non notre géné-
ration. Tous les âges ſont égaux pour
nos vrais amis , & ceux-là ne croient
pas qu'une femme radote , parce qu'elle
a des petits fils. Williams partagea la
joie de ſa fille. Il avoit toujours été
bon pere & bon mari ; & depuis l'âge
de raiſon , il n'avoit qu'un tort à ſe
reprocher , & ce tort l'éloignoit d'u-

ne partie de ses enfants. Cette injustice de sa part le tourmentoit tous les
jours davantage, & les efforts qu'il faisoit pour se vaincre, nuisirent à sa
santé. Caroline, qui jusques-là avoit
été assez prudente pour ne rien dire,
profita du moment ; elle ne conseilla
point à son mari de faire venir sa fille ;
elle fut plus adroite, elle se contenta
de parler de la Comtesse, & d'en parler souvent ; elle vantoit son bonheur
& la douceur des liens qu'elle avoit
formés : un jour elle osa plus, elle
risqua, non sans ménagement, l'éloge
du Comte. Williams n'en paroissant
pas offensé, elle continua, & finit,
sans reproche & sans amertume, par ad-
dresser tout haut au ciel, des vœux
pour jouir encore du bonheur de revoir sa fille, son gendre, & d'embrasser son petit fils.

Le Baronnet soupira, ne répondit
point : il devint encore plus triste que
de coutume. Il se faisoit des repro-

ches, il vouloit réparer ses torts, mais il manquoit de courage pour avouer qu'il en avoit eu ; combat difficile à accorder entre la tendresse & l'amour-propre : on meurt de regret de s'être trompé, puis de honte si l'on en convient : étrange aveuglement ! Le public attend-il notre aveu pour nous condamner ? Une belle action est à la portée de tout le monde ; un grand cœur avoue seul qu'il a pris le change.

Caroline, qui n'avoit cessé de songer à sa fille, étoit trop heureuse de pouvoir en parler pour ne pas en profiter ; aussi, ramenoit-elle souvent la conversation sur cet intéressant objet. Au nom de son petit fils, Williams sourioit ; puis on voyoit ses yeux se remplir de larmes, qu'il s'effor oit en vain de cacher. Ah ! laissez-les couler, lui dit un jour Caroline ; c'est à l'épanchement de l'ame que nous devons les momens les plus doux de la vie. Je sais que selon vos principes, cette foibleſſe eſt indigne de l'homme ; mais elle ne le ſera jamais d'un bon pere : celles-ci ſont améres ; mais dites un mot, & vous n'en verſerez plus que de joie : rappellez Sara, permettez à votre gendre de la ſuivre, & nos jours ne ſuffiront point à tant de félicité. Mylord dit oui, & s'évanouit : dernier effort d'une vanité expirante.

Le lendemain le Baronnet, plus gai & plus tranquille, convint avec ſon fils aîné, qu'il partiroit pour Londres ſur le premier vaiſſeau qui mettroit à la voile. Charles enchanté des ordres qu'il alloit porter & du voyage qu'on lui faiſoit entreprendre, car il étoit le ſeul qui n'eût point encore quitté le continent, & il avoit eu le tems d'apprendre de ſon frere & de ſa ſœur que tous les pays ne ſe reſſem-blent pas : Charles fit une telle dili-gence, que trois jours après il quitta la Virginie. La traverſée fut heureuſe, & bientôt il apperçut les côtes d'An-

gleterre. Le reste du voyage n'éprouva pas plus d'obstacles, & il arriva
chez Mylord, sans que personne eût
prévu son arrivée. Charles fut obligé
de décliner son nom pour avoir accès
près de son oncle : on ne le fit point
attendre ; bientôt il fut admis. Il ex-
posa très-briévement le motif de son
voyage ; puis Mylord le conduisit chez
la Comtesse. C'est cette entrevue qu'il
eût fallu voir ! Pour cette fois, le vieux
Lord n'en perdit rien. Charles ne connoissoit point la maison, & il ne put
le dévancer. Sara tenoit son fils sur
ses genoux, quand son frere entra. Le
plaisir peut surprendre, mais ses suites
ne sont point dangereuses, & Mylord
n'en craignoit pas les effets. Peu s'en
fallut cependant que le petit Auguste
ne fût renversé par la précipitation
avec laquelle sa mere se jetta dans ses
bras : heureusement que Charles les reçut l'un & l'autre. Ce moment fut délicieux, ceux qui le suivirent n'eurent

pas moins de charmes. Charles répéta à sa sœur & au Comte quel étoit le sujet de sa miffion. Mylord affura qu'il feroit du voyage. Comme il étoit un peu incommodé, on laiffa à sa fanté le tems de fe rafermir. Il parut bien long à la Comteffe. Charles en profita pour voir Londres. Enfin ils partirent. Jamais Sara n'avoit été fi gaie. Ce voyage fut charmant. Augufte, qui n'étoit heureux que du bonheur de fa femme, prenoit nouvelle vie, en lui voyant une autre exiftence. Sa joie redoubla encore en appercevant la partie du monde où elle avoit pris naiffance. A peine eurent-ils touché la terre, qu'ils fe rendirent de toute la vîteffe de leurs chevaux, au lieu tant defiré. Le moment de leur arrivée n'avoit pu être calculé jufte, & ce fut encore une nouvelle furprife. Ce beau jour fut pur dans tout fon entier : Williams ne mit à fes careffes aucune reftriction, & le Comte fut enfin reçu comme il devoit l'être.

Le Comte & la Comtesse resterent deux années en Virginie ; ils les passerent dans les douceurs attachées à l'amour & à l'amitié ; ils en partirent pour se rendre en France, où les affaires de Belville exigeoient absolument sa présence. Avant de se fixer à Paris , ils passerent quelques mois dans leurs terres. Mylord retourna à Londres, où quelque-tems après *il cessa de vivre , sans cesser d'être aimé.* Qui n'envieroit pas son sort ? être regretté après avoir bien vécu !

La succession de Mylord attira le Baronnet en Angleterre. Sa fille , & les instances de Caroline , le déterminerent à passer en France. Ce voyage lui coûta beaucoup : ce n'étoit plus son gendre qu'il redoutoit, mais la nation. Tout ce que Williams vit à Paris , l'importuna ; il ne distinguoit que les vices & les ridicules ; les vertus lui échapperent. Semblable à la timide violette, qui ne s'offre à l'œil que quand

on la cherche ; de même l'homme vertueux ne se découvre qu'à l'examen,
& Williams n'en fit point.

Le Baronnet fut attaqué de nouveau
de cette maladie noire, si fatale à
l'homme, & si contraire à son repos
comme à son existence.

Caroline étoit si heureuse près de
sa fille, qu'elle ne devina point le motif de la maladie de son mari. Williams
le cacha par délicatesse, & il mourut
victime & de son silence & de son ancienne prévention : ce n'est qu'en ex-
pirant qu'il en fit l'aveu ; il voulut que
son exemple fût utile aux hommes, &
sur-tout à ses fils.

Charles, dont le caractere étoit naturellement sombre & sauvage, se fixa
en Amérique : il ne se maria point ; il
ne s'attacha à personne qui pût prendre
soin de sa vieillesse ; elle fut triste. Son
frere hérita des titres & d'une partie des
biens de Mylord, que l'aîné avoit dé-
daignés. Il se maria à Londres. Sa

femme étoit douce & fage ; il fut heureux.

Caroline long-tems inconfolable de
la perte de fon époux, vit enfin tarir
fes larmes ; elle confentit fans peine à fe
fixer près d'une fille dont les peines
& les plaifirs avoient toujours fait fes
deftinées. La Comteffe maria fa fœur
à un homme fage, qui fut prévoir &
écarter d'elle un danger que fa jeuneffe & fon étourderie auroient pu faire
craindre. Sa femme lui dut fon bonheur. Il s'en trouveroit davantage de
vertueufes, fi elles avoient de femblables guides.

La Comteffe étoit très-vieille quand
je la vis ; elle avoit paffé fes jours dans
le fein de l'amour & de l'amitié : elle
avoit cependant perdu fa mere, mais
à un âge fi avancé, qu'elle remercioit
tous les jours le ciel de ne pas la lui
avoir enlevée plutôt. Cette tendre mere
en mourant la béniffoit encore, & fes
derniers vœux furent de la retrouver

dans le séjour de la béatitude, où sans
doute son bonheur ne sera pas plus
parfait, mais où le tems ne pourra le
détruire. Tel est le charme attaché à
la pureté des mœurs & à l'accompliſſe-
ment de nos devoirs. Heureux celui qui
ſans être trop ſévére pour les autres,
ne s'en écarte jamais !

LETTRE XLVIII.

La Même, au Même.

Paris, le 20 Novembre.

JE partis le 25 de Courcelles, nom
de la campagne de M. de J..., pour
aller coucher à Joinville. Mon projet
étoit de brûler Langres, mais n'y trouvant plus de chevaux, je fus obligée
de m'y arrêter. Je mis ce tems à profit pour parcourir la ville. Elle eſt ſituée ſur une montagne très-élevée. Il
falloit autrefois trois-quarts-d'heure

pour monter de fa bafe aux portes de la ville. On a depuis fi bien tourné la côte, qu'on y arrive aifément & en bien moins de tems. L'air y eft très-humide, fuite des brouillards prefque continuels qu'il y fait : auffi les femmes font-elles enveloppées une partie de l'année avec des efpéces de capotes qui les garantiffent de fluxions. Langres conferve encore des veftiges d'anciens portiques ou arcs de triomphe du tems des Romains. On y conftruit actuellement un Hôtel-de-Ville d'une belle architecture, & des prifons très - vaftes & très-falubres. Grace au zèle & à l'humanité du Magiftrat à qui cette province eft confiée, les malheureux ou les coupables qui font privés de leur liberté, n'ont à gémir que fur cette privation, & ils ne tremblent point pour leur fanté, en refpirant un air infect dans des cachots humides, qui les privent fouvent de la vie, quand la loi la leur accorde. Toutes les prifons des villes principales de la province ont été reconftruites depuis que M. Rouillé en eft Intendant.

C'eft encore à fes foins que la ville de Langres doit un Hôpital d'une conftruction très-ingénieufe que l'on vient d'y bâtir. La chapelle, de forme ronde, eft entourée de colonnes qui fupportent un dôme fort-agréable. A chaque travée répond une falle de malades, enforte que de chacune, on peut voir l'autel, qui fe trouve placé dans le milieu. Ces monumens font conftruits fur les plans du fieur *Durant*, & avec les graces accordées par le Roi après l'incendie qui détruifit l'Hôpital en cendres, il y a environ fept ans.

En général, les Langrois ont de l'efprit, & de l'efprit aimable. Ce qu'il y a d'étonnant, c'eft la cordialité & l'union qui regne entre tous les habitans d'un certain ordre, qui ne laiffe pas d'être nombreux pour une ville qui ne renferme que dix mille habi-

(351)

tans. Il semble qu'ils ne forment qu'une famille ; accord qui se rencontre rarement.

Près d'une des portes de la Ville, on trouve une promenade nommée *Blanche-Fontaine* ; elle prend son nom d'une source qui est située à mi-côte. On en a tiré parti, en faisant tomber ses eaux en cascades dans un bassin de marbre. Pendant qu'on y travailloit, les ouvriers découvrirent une urne remplie de Médailles d'or, de différents Empereurs. C'est près de cette Ville que la Marne & la Meuse prennent leur source.

C'est à Langres où j'appris une histoire fort étrange, qui venoit d'arriver à un Religieux de la Chartreuse de T....; elle est d'un genre si neuf, qu'il me répond du plaisir que vous aurez à l'entendre : je la joins à cette Lettre.

Histoire de M. de Remigny.

M. de Rémigny, Gentilhomme

Breton , fut quelque-tems Page du Comte d'Artois. Sa mauvaise conduite le fit renvoyer. Il resta à Paris, où de nouvelles étourderies lui attirerent des querelles avec la police. Pour se sous-traire à ses poursuites, qui devenoient pressantes, il se retira dans un Couvent de Chartreux. Là , il masqua sous des dehors de piété, une ame corrompue , que l'exemple de ses vertueux Freres ne put ramener. [a] Il prononça sans remords des vœux qu'il se promettoit bien de ne point observer. A sa pro-fession, il prit le nom de Calixte.

Comme jeune profès , il étoit veillé de trop près pour risquer des démarches qui n'eussent point tardé à le perdre :

____

[a] Tout le monde sait que les Chartreux sont aussi respectables par la pureté de leurs mœurs, leur austérité & leur exactitude à remplir leurs devoirs , que la plupart des autres Moines le font peu , en s'écartant sans cesse de leur Règle.

il fe contint donc quelque tems, pour
arriver plus fûrement à fes fins. Sa
fanté, qui étoit dérangée par le genre de vie qu'il avoit mené, & par les
fuites d'un coup d'épée qu'il difoit
avoir reçu dans la poitrine, s'altérant
tous les jours davantage, fes fupérieurs
majeurs, qui le crurent de bonne foi,
étant touchés des maux qu'il fe plaifoit
à exagérer, & croyant que l'air qu'il
refpiroit à Grenoble ne convenoit point
à fon état, l'envoyerent à Troyes, où
ils efpéroient qu'il fe rétabliroit.

Ce Religieux s'y annonça comme
un homme de condition, protégé directement par le Prince qu'il avoit eu
l'honneur de fervir. Cela lui réuffit ;
on eut pour lui beaucoup d'égards,
&, contre l'ufage de ces fages maifons, en faveur de fa mauvaife fanté,
on le difpenfa des matines, & de tout
ce que la Règle a de plus affujettiffant.

Son plan étoit formé; en établiffant
fon crédit, il vouloit en tirer parti

& pendant un moment il réussit. De son prétendu protecteur il en fit un ami : l'un étoit aussi facile que l'autre ; il parloit à des hommes vertueux & crédules. Il leur assura que le Comte D.... avoit vu avec le plus grand chagrin le parti qu'il vouloit embrasser , qu'il avoit fait son possible pour l'en détourner ; puis il leur dit que son salut étant préférable aux places qu'on lui promettoit , il avoit renoncé sans regret à ces places , pour s'en occuper sérieusement & sans distraction.

Il ne s'en tint pas là ; il leur fit entendre qu'il croyoit sans blesser sa regle , pouvoir faire usage pour les autres du crédit qui lui étoit resté , & dont il faisoit preuve en montrant souvent des lettres qu'il disoit avoir reçu du Prince. Ces contes étoient faits avec tant de modestie , du moins en apparence , que les Religieux les rendirent à des personnes du déhors : c'étoit ce qu'il demandoit. En peu de tems il eut un grand nombre de fupplians. Le plus ardent, fut un Receveur-Général des Gabelles, qui fe flatta que, par fa protection, il obtiendroit aifément une place de Fermier-général, que Dom Calixte lui dit avoir follicité pour lui. Huit jours à peine étoient écoulés après cette prétendue follicitation, qu'il arriva en pofte, à la porte du Couvent, un Courrier à la livrée du Prince ; qui demanda Dom Calixte, pour lui remettre un paquet de la part de fon maître. La Communauté émerveillée d'une correfpondance auffi honorable, & dont elle n'avoit jamais douté, fut chercher en triomphe ce Religieux auffi favorifé : il arriva & fit publiquement l'ouverture de fes dépêches. Elles étoient conçues en ces termes, qu'il lût humblement.

» Je ne demande pas mieux, mon » cher Marquis, que d'obliger votre » protégé ; mais il n'eft pas poffible » dans ce moment de lui faire avoir » une place de Fermier-général ; elles

» vont d'ailleurs devenir bien moins lu-
» cratives, par les réformes que le Di-
» recteur-Général des Finances se pro-
» pose de faire : mais si une place de
» 40,000 liv. de rentes dans mon appa-
» nage lui convient, je lui en ferai
» expédier le Brevet «.

Cette lettre fut envoyée sur le champ
à la personne qui en étoit l'objet, &
qui pensa mourir de joie en la lisant.
Elle accourut pour remercier son bien-
faiteur, & l'engager à écrire bien vîte, pour s'assurer d'une place si géné-
reusement offerte Le Religieux y consentit, & remit au Courier de nouvelles dépêches ; mais il observa en mé-
me tems à son protégé, qu'il y avoit
des frais de Sécrétariat, montant à
107 louis, qu'il étoit important de
rembourser sur le champ, pour accélérer l'affaire. L'ardent Financier ne
se le fit pas répéter, & la somme fut
comptée un instant après. Dans toute
autre circonstance, & plus encore dans

celle-ci, s'il n'eût pas perdu la tête par
l'espoir d'une fortune aussi éblouissante,
il n'auroit pas si facilement avancé
cette somme ; car ce Receveur des Gabelles passe pour ne se défaisir d'argent qu'à la derniere extrêmité. Mais
en discutant sur cet objet, il eût craint
de refroidir le zele de Dom Calixte,
ce qui ne lui permit pas de réfléchir
sur l'irrégularité de cette demande ; car
au cas qu'il y eût eu des frais de Sécrétariat dans une affaire de cette nature,
ce que j'ignore, ils ne peuvent que
suivre l'expédition du Brevet, & non
la précéder.

Cette avanture, qui ne tarda pas à se
répandre dans la ville, réveilla tous
les ambitieux qui s'empresserent de mériter la protection de Dom Calixte,
qu'ils regardoient déjà comme le canal
le plus sûr des graces. Parmi les autres
empressés, un Chanoine de cette ville
vint le trouver, pour le prier de s'intéresser pour lui, & de lui faire avoir

le Sous-Doyenné qui venoit de vâquer dans sa Collégiale. Dom Calixte, après s'être fait prier, promit d'écrire, & au bout de quelques jours on vit arriver, pour la seconde fois, le Courier, avec une lettre du Prince, qui annonçoit que le Sous-Doyenné étoit promis; mais que si le Chanoine vouloit se contenter d'une pension de quatre ou cinq mille livres de rente sur le Clergé, on la lui feroit avoir.

L'Abbé, charmé de cette proposition, la reçut avec transport. On profita de ce moment pour lui annoncer, comme au Receveur-général des Gabelles, qu'il y avoit des frais de Sécrétariat, montant à vingt-cinq louis, qu'il falloit rembourser; ce qu'il fit.

Deux Officiers ont aussi été dupes de ce Religieux; on assure que l'un a financé entre ses mains pour une Majorité de Place, & l'autre pour un Régiment.

Tandis que de jour il avoit l'air de

faire des heureux, la nuit il s'occup-
poit férieufement à le devenir. Il y
réuffiffoit, à l'aide de l'argent qu'il ef-
croquoit ainfi de droite & de gauche,
& d'une échelle de corde, avec laquelle
il franchiffoit les murs de fa retraite,
pour aller fe divertir avec la femme
du prétendu Courier, qui, à fon tour,
venoit quelquefois partager fa cellule.
Il étoit muni pour ces promenades
nocturnes, d'un habit féculier : il dé-
pofoit au pied du mur, fon froc qu'il
reprenoit au retour. Ce fut ce qui le
perdit. Une nuit, un Religieux tourmenté d'une violente migraine, crut
en prenant l'air, éprouver quelque foulagement ; il defcendit dans le clos pour
le refpirer à l'aife : à peine y étoit-il,
qu'il reconnut un habit de l'Ordre ;
dès-lors il conçut des foupçons dont il
ne fit part au Prieur qu'après la troifieme nuit qu'il eût fait cette remar-
que. Le Prieur ne fachant qui accufer
de ce défordre, fit le lendemain l'inf-
pection des cellules.

Comme il se présentoit au lit de Dom Calixte, il en sortit une main armée d'un pistolet, & une voix menaçante qui promit de brûler la cervelle au premier qui s'approcheroit. Ces paroles furent accompagnées d'expressions qu'on n'avoit jamais entendues dans ce saint lieu. Le Prieur effrayé, se retira; ce qui donna le tems à Dom Calixte de se débarrasser de la femme du Courier, qui s'évada sans bruit & sans obstacle.

Le lendemain, le Prieur fit partir sous une bonne escorte, Dom alixte pour sa maison de profession, où on refusa de le recevoir, parce qu'alors il étoit connu pour un très-mauvais sujet. Il fut reconduit à Tr...., où il ne resta que deux jours, ayant été enlevé & conduit à S. Lazare par ordre du Roi, d'après le compte qu'on avoit rendu de sa conduite. Jamais ordre ne fut donné plus à propos.

LETTRE LXIX.

LETTRE XLIX.

La Même, au Même.

Paris le 23 Novembre.

QUOIQUE je fuſſe partie à deux heures de Langres, je n'arrivai à Joinville qu'à près de minuit, tant le chemin qui y conduit eſt difficile : c'eſt dans une ſuite de montagnes fort eſcarpées, taillées dans le roc à mi-côte, où l'on a pratiqué la route. Au bas ſont des précipices d'une hauteur ſi effrayante pour les voyageurs qui n'arrivent pas des Pyrénées, que l'on y a fait faire des parapets fort larges, qui préviennent les accidens, & raſſurent les yeux.

Chaumont, qui ſe trouve entre Langres & Joinville, eſt preſqu'auſſi élevé que la ville dont je viens de parler ; mais elle n'a rien de remarquable

Q

que fa pofition , & une jolie promenade. Les points de vûe en font fuperbes & très étendus.

Joinville eft une petite ville fort
laide. Elle eft célébre par l'ancien Château des Comtes de Joinville. C'eft
dans ce Château, dont l'abord eft difficile, étant placé fur le fommet d'u-
ne montagne, que l'on voit encore le
Cabinet où fut arrêtée cette Ligue, qui
coûta tant de fujets à la France, &
dont il fallut tout le regne de Henri
IV. pour la confoler. L'Eglife , qui
étoit autrefois la Chapelle des Princes,
eft aujourd'hui une Collégiale qui renferme leurs tombeaux ; on y diftingue
celui de Claude de Lorraine, & d'An-
toinette de Bourbon, qui font l'admi-
ration des Artiftes. C'eft à Florence
où il fut executé. Les victoires & les
trophées de ce Duc, font répréfentés
par des bas-reliefs de marbre blanc ,
qui font auffi très-eftimés.

Je partis de bonne heure de Joinville, pour arriver plutôt chez moi : mon impatience augmenta encore ce jour là. A chaque poste, ma joie éclatoit ; je doublai les guides des postillons, pour les engager à presser leurs chevaux. Je passai à St. Dizier, qui étoit encore fort laid, il y a cinq ans, & qui est maintenant très-joli, graces à un incendie qui en consuma moitié, dans l'hiver de 1775. Il n'y avoit de beau qu'un Fauxbourg, qui heureusement ne fut point endommagé.

La derniere poste où je rélayai, fut Vitry, petite ville assez jolie par son allignement & la maniere dont elle est percée ; mais elle est triste, & ne renferme rien de curieux. Ma fille, qui étoit aussi persuadée que moi que son pere viendroit au devant de nous, prenoit pour lui tout ce qu'elle voyoit de loin ; enfin elle ne s'y trompa pas. A peine avions nous fait une lieue & demie, qu'elle reconnut sa voiture : bientôt nous distinguâmes son pere, qui

avoit mis pied à terre , & mon fils qui
fautoit de joie en nous apperçevant. Je
vous laiffe à juger quel plaifir nous
eumes à nous rejoindre & à nous embraffer. Ma femme de chambre monta
dans leur voiture ; elle avoit auffi une
reconnoiffance à faire , & ils prirent
place tous deux dans la mienne. Tout
ce que nous dîmes ne fe conçoit pas ,
nous parlions tous enfemble , & nous
étions à O.... avant qu'il y eût d'ordre dans notre converfation. Un indif-
férent, qui en auroit été témoin , auroit entendu à la fois : enfin je vous revois : c'eft un bonheur d'autant plus
vif, que pendant long-tems j'ai du
craindre d'en être à jamais privée. —
Dieu ! que vous m'avez donné d'inquiétude ; ma joie dans ce moment peut
feule l'égaler.—Mon fils , tu me trouves
trop laide ; tu ne m'embraffes point.—
Oh ! non, Maman. Il tomboit dans
mes bras ; fa fœur l'en tiroit pour l'embraffer à fon tour. — Ma fœur tu as

donc eu la petite vérole. Mais il n'y paroît plus ; ce n'est pas comme à Maman. — Oui , mon ami ; mais donne-moi des nouvelles de ce qui m'intéresse : mon chien , mes oiseaux , comment se portent-ils ? En ai-je beaucoup , en as-tu eû bien soin ? M. l'Abbé est-il content de toi ? — Oui , ma sœur ; mais j'ai bien de la peine. Ah ! que les Mathématiques sont difficiles ! J'aime bien mieux la Musique : je joue des *Duo* sur le Violon. Si tu savois, ma sœur , que cela est beau , & combien cela m'amuse !— Je le crois , mon ami ; mais tu parles toujours , & tu ne m'embrasses point. Nous arrivâmes ; les Cours étoient remplies de paysans , dont je ne pus recevoir les félicitations sans attendrissement. M. G.... pour je ne sais quelle raison , n'avoit point voulu que personne vint m'attendre avec lui. On dépêcha un Courier à mes parens , & le lendemain à mon réveil, j'eus le plaisir de les embrasser tous , même ma grand-mere, qui prit sur elle de se déplacer. Mes amis ne se firent pas attendre. Vous fûtes le seul que des affaires importantes arrêterent huit jours. Je n'ai pas besoin de vous dire combien ils me parurent longs. A votre arrivée, vous eûtes doublement à me consoler de mes peines passées & de celles que je souffrois alors. Eh ! qui mieux que vous, pouvoit me les faire supporter ? Mes maux étoient affreux ; mais mon ame étoit contente : mon ami me plaignoit, me soignoit, & souffroit avec moi : Dieu ! ne m'épargnez point ; rendez-moi mes souffrances, si sa tendresse ne doit éclater que pendant de semblables moments. Avec quelle délicatesse vous me prouvâtes cette pensée :

Ah ! la beauté n'est qu'une image ;
Le cœur est tout &c. (I)

F I N.

____

(I) *Romance de J. - J. Rousseau. Almanach des Muses* 1766.